BASTEI
LÜBBE

Von Jule Brand erschienen bei BASTEI-LÜBBE:

12531 Ein Single kommt selten allein
12563 Liebe im Nachfüllpack
12615 So angelt man sich einen Typ
12639 Drei Männer sind einer zuviel

Jule Brand

Herrchen gesucht!

BASTEI LÜBBE

BASTEI-LÜBBE-TASCHENBUCH
Band 12683

Originalausgabe

Printed in Germany, Juli 1997
Einbandgestaltung: Gisela Kullowatz
Titelfoto: Andreas Jung
Satz: Textverarbeitung Garbe, Köln
Druck und Bindung: Ebner Ulm
ISBN 3-404-12683-1

Der Preis dieses Bandes versteht sich einschließlich
der gesetzlichen Mehrwertsteuer.

Für Walburga, Anke, Angi und Biggi –
und für Albert.
Was mag wohl aus ihm geworden sein?

Personenverzeichnis

Caroline: Psychologiestudentin, die den Urlaub als großangelegte Beziehungsstudie betrachtet.

Matilda: ihre Freundin und Studienobjekt Nummer 1.

Franziska: Matildas Cousine, Studienobjekt Nummer 2 mit einem heilbaren Hang zu sprücheklopfenden Machos.

Peggy: Blondine mit blauen Augen und blauen Flecken, dankbares Studienobjekt für die Sadomaso-Abteilung.

Angie: ihre kleine Schwester, ernährt sich ausschließlich von Nutella und der Sehnsucht, Peggy den Freund auszuspannen.

Fabian: Carolines Freund, weilt leider in Sibirien und ist an dieser Geschichte nur in Carolines Briefen beteiligt.

Leo: Peggys Freund, der an erster Stelle sich selber liebt, an zweiter Stelle sein Motorrad und an dritter blaue Flecken.

Lucky: sein sockentragender Kumpel, Carolines Dorn im Auge.

Cornelius: Franziskas Freund, der sie von ihrer Vorliebe für Lucky kuriert.

Linda: Cornelius bedauernswerte Reisebekanntschaft mit Cola light auf dem einzig sauberen T-Shirt.

Ollie: gescheiterter Wanderer auf der GR 20.

Benedikt: sein schwuler Freund.

Pädder: Peter auf hessisch.

Harald: Pädders Kumpel im gelben Cabrio.

Hermann: treue Promenadenmischung, einziger Tramper seiner Gattung.

Personen und Handlung sind frei erfunden, ich habe mich nur unwesentlich von der Wahrheit inspirieren lassen.

1.

24. Juli
La Spezia, Italien

Jetzt kam er, der Moment, vor dem Franziska sich die ganze Zeit gefürchtet hatte. Vor ihr das Tor, das wie ein riesiges aufgesperrtes Krokodilmaul in den Bauch der Fähre führte. Corsica ferries, von La Spezia nach Korsika in vier Stunden. Neben ihr, hinter ihr und vor ihr Hunderte von weiteren Autos, die alle das gleiche Ziel hatten. Der Gotthardtunnel im Stau war nichts dagegen gewesen. Auch da hatte Franziska das Steuer übernehmen müssen. Matilda war nachtblind, eine Tatsache, die ihr bis dahin völlig unbekannt gewesen war. Peggy litt angeblich unter Platzangst, Caroline hatte den Führerschein erst etwas über ein Jahr und war seither nur zweihundert Kilometer gefahren, und Angie hatte überhaupt keinen Führerschein.

»Du schaffst das schon«, sagte Caroline zuversichtlich. »Sieh mal, da sind jede Menge Männer, die die Fahrzeuge genau einweisen. Du mußt Vertrauen haben.«

Franziska folgte ihrem Zeigefinger mit den Augen. Der Einweiser schlug soeben ungeduldig mit der Faust auf die Kühlerhaube des Wagens schräg vor ihnen. Drinnen saß eine Familie plus Gummischwimmtieren, der verängstigte Familienvater fand offenbar das Gaspedal nicht.

»Stronzo! Sei un scemo«, schrie der Einweiser, was immer das heißen mochte.

»Sehr vertrauenerweckend«, murmelte Franziska.

»Wenn die uns sehen, sind die netter«, meinte Peggy optimistisch. »Italiener sind sehr charmant zu Frauen.«

Der Ordner schlug soeben erneut auf die Kühlerhaube und brüllte dabei etwas auf italienisch, was alles andere als charmant klang.

»Was hat er gesagt?« wollte Caroline von Matilda wissen, die selber eine halbe Italienerin war.

»So was wie: Du lahmarschiger Hornochse hältst hier den ganzen Verkehr auf«, übersetzte Matilda liebenswürdig.

Franziskas Herz sank in die Hose. Sie sah in die andere Richtung, um nicht zu sehen, wie der Familienvater in Tränen ausbrach. Links von ihnen stand ein schnittiges Fahrzeug mit offenem Verdeck. Die beiden Insassen schauten schon die ganze Zeit zu ihnen herüber, und jetzt lachten und gestikulierten sie wild. Es waren zwei Männer, oder vielmehr Jungs, denn sie waren höchstens so alt wie sie selber. Vermutlich um älter zu wirken, als sie waren, trugen sie flusige, zarte Bärtchen unter- und oberhalb der Lippen.

»Ach du liebe Güte«, entfuhr es Franziska.

»Immerhin ein nettes Auto«, sagte Matilda.

»Die zwei würden dich sicher liebend gern zu einer Spritztour einladen«, sagte Peggy zu ihr. »Du mußt nur zurücklächeln.«

»Untersteht euch«, rief Franziska. »Niemand wird lächeln. Und die Fenster werden hochgedreht.«

Caroline hatte sich den Hals verrenkt, um einen Blick auf das Autokennzeichen zu werfen.

»KS«, sagte sie. »Keine Ahnung, wo das ist.«

»Ich muß mal«, ließ sich Angie vernehmen.

»Nicht jetzt«, sagte Franziska gereizt.

Die beiden Jungs im Cabrio begleiteten ihre wilden Gesten jetzt mit Gebrüll, damit sie zu den Mädchen durchdrangen.

»Isch bin der Pädder!« brüllte der eine.

»Der wie?« fragte Caroline.

»Peter auf hessisch«, dolmetschte Peggy. Der hessische Peter war blond und sommersprossig, und die Fahrt im Cabrio hatte ihn schon mit einem leuchtend roten Sonnenbrand gesegnet.

»Nun, die Frage nach der Herkunft hat sich jetzt wohl erübrigt«, meinte Caroline.

»Stellt euch bloß taub«, befahl Franziska.

»Und isch bin der Harald!« schrie der zweite. Sein Haupt- und Flusenbarthaar war brünett. »Wir würden euch gerne kennenlernen.«

Die Mädchen stöhnten einhellig.

»Wo wollts ihr denn hin?« schrien die beiden.

»Wohin wohl«, höhnte Franziska. »Nach Griechenland. Wir stehen nur vor der falschen Fähre!«

»Ich muß mal ganz dringend!« sagte Angie wieder.

»Du hattest eben alle Zeit der Welt dafür«, fauchte Franziska und hätte ihr am liebsten eine gescheuert, so nervös war sie. »Jetzt hältst du eben mal ein paar Minuten durch.«

»Das ist aber nicht gesund«, klagte Angie.

»Dann steig halt aus und geh zu Fuß an Bord«, schlug Matilda vor, aber das wollte Angie nicht, auch nicht als Peggy anbot, mir ihr zu gehen.

Der Ordner hatte die Reihe neben ihnen abgefertigt und stellte sich nun breitbeinig vor ihrer Kühlerhaube auf.

»Ob wir ihm sagen sollen, daß das ein geliehener Wagen ist?« fragte Franziska. »Ich meine, bevor er ihn mit seinen Fäusten demoliert?«

Aber der Ordner machte keinerlei Anzeichen, zu schlagen und zu brüllen. Er lächelte breit, als er die fünf Mädchen sah, und sagte etwas auf italienisch. Franziska drehte die Scheibe wieder herab und lächelte ängstlich zurück.

»Du sollst starten, wunderschönes Fräulein«, übersetzte Matilda. »Bitte. Und keine Angst, wunderschönes Fräulein, es ist alles ganz einfach.«

Franziska drehte den Zündschlüssel um.

»Und jetzt folgst du der gelben Linie, schönstes aller Mädchen«, fuhr Matilda fort, synchron zu übersetzen. »Sind das alles deine Schwestern? Alle wunder-wunderschön. Auf Wiedersehen.«

»Ihr könnt den beiden Bärtigen neben uns noch mal winken«, sagte Caroline.

Peter und Harald im gelben Cabrio renkten sich beinahe die Arme aus der Schulter, aber die Mädchen wandten nicht mal den Kopf zur Seite. Franziska steuerte den Wagen ins Innere der Fähre, dort wies sie ein anderer Ordner in eine finstere Ecke, eine sehr enge Lücke zwischen einem dicken Wohnmobil und einem

Mercedes mit Überbreite. Auch dieser Ordner grinste breit. Mit seiner Hilfe war es überhaupt kein Problem, in die Lücke zu rangieren.

Der Ordner bedankte sich sogar bei ihr. »Mille grazie, bella signorina«, sagte er. Dann wies er den nächsten Wagen ein.

»Fanfarone! Accidenti! Che Pastriccio. Mi dai ai nervi«, bellte er und trat ungeduldig gegen den Reifen, was laut Matilda soviel hieß wie: »Ihr blöden Angeber geht mir auf die Nerven!«

»Ich sag' doch, die Italiener sind unheimlich charmant zu Frauen«, sagte Peggy zufrieden. »Ich bin so froh, daß ich eine Frau bin, ihr nicht?«

»Ich muß mal!« sagte Angie.

An Deck sicherten sie sich fünf Liegestühle nebeneinander. Der Fahrtwind war ziemlich kühl, und bis die Sonne höher am Himmel stand, war es ratsam, sich in dicke Pullover oder warme Strickjacken zu hüllen. Peggy, die mit Angie von den Toiletten zurückgekommen war, rieb sich die Oberlippe.

»Mann, war das dreckig«, schimpfte sie. »Was da alles in der Schüssel klebte, widerlich!«

»Bitte keine Details«, bat Franziska. Sie schob sich die Sonnenbrille ins Haar und schloß die Augen.

»Ich werde ein Herpesbläschen bekommen«, prophezeite Peggy. »Vor lauter Ekel. Bekomme ich immer.«

»Das ist ein Fall für Caros Einmalklosettsitze«, meinte Matilda, und alle lachten, auch Caroline. Die Einmalklosettsitze lagen unten im Bauch der Fähre, irgendwo in den Tiefen ihrer Reisetasche, zusammen mit einer Packung Trockenpflaumen, Senfkörnern und Leinsamen, alles verdauungsfördernde Mittelchen. Für Caroline war dies der erste Campingurlaub, und sie hatte schreckliche Angst, daß die sanitären Anlagen ihrer Verdauung nicht förderlich sein könnten. Sonst hatte sie immer in luxuriösen Hotels oder Ferienhäusern mit allem Komfort Urlaub gemacht, und zwar meistens mit ihren Eltern, wie sie den anderen gestand.

»Was heißt das, meistens mit deinen Eltern?« hatten Franziska und Matilda entsetzt gefragt. Sie lebten seit über anderthalb Jahren zusammen mit Caroline in einer Wohnung. »Du warst doch zum Beispiel letztes Jahr mit einer alten Schulfreundin zum Skilaufen.«

»Ja, mit der Schulfreundin und deren Eltern. Sie haben ein zauberhaftes Chalet in der Schweiz.«

»Soll das heißen, du bist einundzwanzig Jahre alt geworden und warst noch niemals ohne Mami und Papi im Urlaub?«

»Ja«, hatte Caroline zugeben müssen. »Außer in besagtem Skiurlaub und natürlich auf Klassenfahrten. Und einmal war ich mit meiner Cousine Hilli in Paris. Mit einer Busreisegesellschaft. Aber Hilli ist zwanzig Jahre älter als ich, im Grunde also auch so was wie eine Aufsichtsperson.«

Franziska hatte fassungslos den Kopf geschüttelt.

»Ich würde niemandem davon erzählen, wenn ich du wäre«, hatte sie Caroline geraten, und Matilda hatte heftig genickt.

»Ich fand es schon exotisch, daß du mit einundzwanzig noch Jungfrau warst. Aber diese Urlaubsgeschichte ist ja beinahe noch schlimmer.«

Während der langen Planungsphase hatte Caroline dann auch zunehmend die Panik gepackt, der Ekel vor verschmutzten Campingplatzklos, Angst vor Tieren, die in den Schlafsack krabbeln, und die Angst, auf dem harten Boden möglicherweise nicht gut zu schlafen. Je weiter die Planung fortschritt, um so mehr hatten sich ihre Mitbewohnerinnen über sie amüsiert.

»Du blamierst uns«, hatte Franziska zu ihr gesagt. »Peggy und ihre Schwester sind alte Campinghasen!«

Peggy war eine Kommilitonin von Caroline – Psychologie im dritten Semester –, und ihre kleine Schwester Angie hatte gerade Abitur gemacht. Die beiden bildeten den Rest der Reisegruppe.

»Die haben auf Korsika sogar schon wild gecampt«, hatte Franziska hinzugesetzt.

Zu diesem Zeitpunkt hatte Caroline bereits einen allwissenden alternativen Reiseführer über Korsika besessen und gewußt, wie gefährlich und leichtsinnig Wildcampen dort war. Außerdem strafbar.

»Ich werde das nicht tun«, hatte sie erwidert. »Sonst wird man nachts von einem Waldbrand überrascht oder für ein Wildschwein gehalten und erschossen!«

»Aber deshalb mußt du doch nicht so unprofessionell wirken«, hatte Franziska gesagt und auf Carolines neueste Errungenschaft gezeigt. »Eine ganze normale Isomatte hätte es doch auch getan!«

Statt Isomatte hatte Caroline sich nämlich eine Zehnkammer-Luftmatratze gekauft, im aufgeblasenen Zustand fünfzehn Zentimeter dick. Sie erhoffte sich dadurch eine unüberwindbare Hürde für Ameisen, Spinnen und aufsteigende Feuchtigkeit. Dazu hatte ihr der Treckingladenbesitzer eine Tretluftpumpe angedreht, mit der sie die Matratze angeblich in Minutenschnelle aufblasen konnte. Beim Test zu Hause in ihrem Zimmer hatte die Prozedur allerdings eine halbe Stunde gedauert, aber Caroline war nicht davon zu überzeugen gewesen, statt ihrer eine simple Isomatte mitzunehmen.

»Ihr werdet mich alle um mein komfortables Bett beneiden«, hatte sie den anderen prophezeit und einen Spezialschlafsack mit wasserdichter Oberfläche gekauft, aus atmungsaktivem Material, bis minus dreißig Grad kältebeständig.

»Man weiß ja nie, wie tief die Temperaturen auf Korsika im August sinken«, hatte Matilda gespottet.

Sie war Franziskas Cousine und – je nach Stimmungslage in der WG – Carolines beste oder zweitbeste Freundin. Matilda war zuerst alles andere als begeistert gewesen, daß Peggy mit ihnen in Urlaub fahren sollte. Peggy war ihr zu schön, zu groß und zu blond. Matilda war es lieber, wenn sie die Blicke der Männer für sich allein hatte, das war sie so gewöhnt. Sie war groß und mit weiblichen Kurven ausgestattet, das kurze dunkle Haar bildete einen frechen Kontrast zu ihrem schönen Gesicht. Matilda hielt sich für das schönste Mädchen der westlichen Hemisphäre, und für unwiderstehlich dazu. Dabei sahen ihre beiden Mitbewohnerinnen auch nicht gerade übel aus. Caroline war klein und zierlich und hatte üppige rote Locken aufzuweisen, und Franziska war Sportstudentin mit einem super durchtrainierten Body und einem süßen, Matilda nicht mal unähnlichen Gesicht.

Aber für Matilda waren die beiden wie Schwestern, sie betrachtete nur Peggy als echte Konkurrenz, vielleicht weil sie blond war, und das auch noch echt.

Doch Peggy hatte sich als sehr souverän erwiesen, als es um die Planung ging. Sie konnte einschlägige Erfahrungen mit Camping aufweisen und war schon mehrfach auf Korsika gewesen. Sie hatte die Sache mit dem Mietwagen und der Fähre geregelt und sämtliche Campingutensilien aus den Beständen der Katholischen Jugend von Köln-Rodenkirchen rekrutiert, wo sie als Gruppenleiterin die Jugendpfingstlager betreute. Sie hatte genau gewußt, wo man was als Reiseproviant einkaufen mußte und welche Lebensmittel sich wie lange bei welchen Temperaturen hielten.

Sie war eine so versierte Reiseleiterin, daß die anderen auch nichts dagegen hatten, ihre kleine Schwester Angie mitzunehmen. Peggy sagte, Angie brauche unbedingt etwas Ablenkung, da ihr Freund gerade eben mit ihr Schluß gemacht habe. Weil sie nicht ganz so blond und langbeinig war wie Peggy und außerdem frisch abserviert, war auch Matilda sofort einverstanden gewesen. Ein Blick auf Angie genügte, um zu wissen, daß die ihr keinen Mann abspenstig machen würde.

Und überhaupt! Nach deutschem Regen, Prüfungsstreß und deutschen Männern sollten das nur erholsame Wochen in der Sonne werden – ohne Beziehungsstreß, da waren sich alle fünf einig.

Matilda hatte ohnehin gerade keine feste Beziehung. Sowohl Marc als auch Jens glaubten zwar, daß sie eine hätten, aber Matilda konnte sich nicht erklären, warum.

Ihre Schuld war es jedenfalls nicht. Aber Männer interpretieren eben nonverbale Botschaften ganz anders, als sie gemeint sind. Solange es funktionierte, war das Matilda nur recht, denn sie bekam die doppelte Ration Zuwendung. Allerdings war so ein doppeltes Spiel auch anstrengend, ein paar Wochen ohne schwierig zu arrangierende Dates würden ihr mal guttun!

Auch ihre Freundinnen reisten allein, und Matilda war mehr als froh darüber. Nichts ist nervenaufreibender, als mit glücklichen Pärchen Urlaub zu machen. Carolines Freund Fabian war in diesem Sommer auf einer Studienreise durch Sibirien, und Franziskas geliebter Cornelius hatte wieder mal keinen Urlaub bekommen.

Peggys Lover Leo machte Urlaub mit einem Kumpel namens Lucky, allerdings, wie es der Zufall wollte, ausgerechnet auf Korsika. Peggy hatte bereits einen Treffpunkt abgemacht, wo sie mit Leo und dem Kumpel zusammentreffen würden.

Aber dagegen hatte Matilda nichts einzuwenden. Vor allem nicht, seit sie ein Foto von Leos Kumpel gesehen hatte. Er hatte vielversprechende blaue Augen, und es würde nett sein, zur Abwechslung mal mit anderen Menschen zusammenzusein. Immer nur Frauen um sich zu haben hielt Matilda für tendenziell ungesund.

Leo und Lucky waren nicht die einzigen Bekannten, die Urlaub auf Korsika machten. In der Wohnung über Franziska, Caroline und Matilda wohnte ein schwules Pärchen, Benedikt und Ollie, und die beiden planten eine Durchquerung der Mittelmeerinsel von Nord nach Süd, und zwar zu Fuß auf der GR 20, dem großen Wanderweg durch die korsischen Berge.

Caroline, die darüber in ihrem Reiseführer gelesen hatte, hatte ihnen einen Vogel gezeigt.

»Bei den Temperaturen im Juli und August ist das glatter Selbstmord«, hatte sie gesagt, »hier steht, daß man das besser im Frühjahr machen sollte.« Aber Ollie und Benedikt hatten sich die Wanderung nun mal fest in den Kopf gesetzt.

»Eigentlich wollten wir nach Südostasien«, hatte Ollie mürrisch erwidert. »Nur dazu reicht wieder mal das Geld nicht.«

Sie wollten die Mädchen in Corte im Landesinneren der Insel treffen und ein paar Tage mit ihnen verbringen.

Mit anderen Worten, für Abwechslung und eine schöne Zeit war gesorgt.

Jetzt, im Liegestuhl auf der Fähre, hatte auch Franziska zum ersten Mal das Gefühl, der Urlaub habe wirklich begonnen.

»Die Fahrt war nur halb so schlimm, wie ich befürchtet hatte«, sagte sie, ohne die Augen zu öffnen.

»Ja, aber das Schlimmste steht uns noch bevor«, meinte Caroline. »In meinem Reiseführer steht, die Straßen sind zum Teil recht abenteuerlich und an manchen Stellen so schmal, daß keine zwei Autos aneinander vorbeikommen. Überall liegen Autowracks in den Abgründen. Und es gibt keine Leitplanken.«

»Alte Unke«, murmelte Franziska. »Das Schlimmste haben wir schon geschafft, egal, was du sagst. Und jetzt schlafe ich mich erst mal aus.«

»Ich auch«, sagte Matilda.

Angie setzte sich die Hörer ihres Walkmans auf und schloß ebenfalls die Augen.

»Bist du auch gut eingecremt?« erkundigte sich Peggy besorgt.

»Ich weiß nicht«, erwiderte Angie, und da holte Peggy Sonnencreme aus ihrer Tasche und tupfte sie ihrer Schwester auf die Nase.

Caroline kramte in ihrem kleinen Rucksack.

»Möchte jemand einen Apfel?« fragte sie munter.

Franziska und Matilda gaben keine Antwort, weil sie bereits schliefen. Angie sagte mit geschlossenen Augen: »Ich mag keine Äpfel«, und Peggy hatte Sonnencreme an den Händen und nichts, woran sie sie abschmieren konnte. Sie rollte sich ebenfalls zum Schlafen zusammen.

»Ich wecke euch, wenn ich Delphine sehe«, versprach Caroline und biß in ihren Apfel. Sie war viel zu aufgeregt, um zu schlafen. Delphine wurden nämlich nicht selten in diesem Gebiet gesichtet, stand in ihrem Reiseführer. Caroline hätte für ihr Leben gern welche gesehen.

Erwartungsfroh lehnte sie sich über die Reling. Das Festland war nur noch eine blasse grüne Linie, die Fähre pflügte mit hoher Geschwindigkeit durch das Wasser. Bald würde sie die Insel Elba sehen können, stand jedenfalls im Reiseführer. Caroline wußte nur nicht, auf welcher Seite sie Ausschau halten mußte. Gemütlich schlenderte sie einmal das ganze Deck ab, beobachtete die anderen Passagiere und sah immer wieder auf das Wasser, in der Hoffnung, eine Delphinflosse zu entdecken. Vor dem Urlaub hatte Fabian ihr ein wunderschön gebundenes Buch geschenkt, über Delphine und die Märchen und Mythen, die sich um diese Tiere rankten. Fabian wußte immer genau, was ihr gefiel.

Caroline seufzte sehnsüchtig. Er würde ihr in jedem Fall fehlen, ganz gleich, wie spannend der Urlaub auch werden mochte. Warum mußte er auch nach Sibirien fahren, ausgerechnet! Fabian machte im Herbst Examen in Geschichte und Politik und wollte seine Magisterarbeit über Sibirien schreiben. Caroline hatte ihm vergebens einzureden versucht, daß es auf Korsika viel mehr über Geschichte und Politik zu sehen gab als am anderen Ende der Welt, aber Fabian war einfach besessen von Sibirien.

»Wie soll ich denn nur sechs Wochen ohne ihn überstehen?« hatte Caroline gejammert, aber Franziska und Matilda hatten ihr einen Vogel gezeigt. Cornelius, Franziskas Freund, war erst im Mai aus England zurückgekommen, wo er mehrere Monate gearbeitet hatte, und Franziska hatte fast nie gejammert. Aber Caroline wußte, daß sie ihm diese Trennungszeit im Grunde übelnahm. Sie vermutete, daß Franziskas heimlicher Groll auch die Erklärung dafür war, warum Franziska, kaum daß Cornelius wieder da war, für mehrere Wochen wegfuhr. Aber das gab sie natürlich nicht zu.

»Kann ich was dafür, daß ich meine Semesterferien ausnutzen will, so gut es geht?« hatte sie nur gesagt. »Cornelius, der alte Spießer, bekommt höchstens zwei Wochen, und die wollte er mit mir irgendwo pauschal verbringen. Nein danke, ich bin doch noch keine siebzig.«

»Fährt er denn jetzt alleine weg?«

»Nö«, hatte Franziska geantwortet. »Jetzt verwahrt er sich seinen kostbaren Urlaub für bessere Zeiten auf. Selber schuld.«

»Ich werde Fabian auf jeden Fall schrecklich vermissen. Wir sind noch nicht so lange zusammen, daß man sicher sein kann, daß drei Monate Trennung nicht zum Ende der Beziehung führen.« Und Caroline hatte geseufzt und in der Bibliothek nach einem Buch über die sibirische Bevölkerung nachgeschaut, ob sibirische Mädchen schön waren. Aus irgendeinem Grund hatte man dort aber nur runzelige Bauern abgebildet. Caroline bezweifelte, daß deren Kinder schön sein konnten. Aber möglich war es schon.

Jetzt, als ihr Blick über den Horizont schweifte, dachte sie wieder über die Sibirierinnen nach. In ihrer Vorstellung sahen sie alle niedlich aus: schwarze lange Zöpfe, rotwangige Gesichter mit hohen Wangenknochen und farbenfrohe Trachten, wie eine östlichere Version von Piroschka. Weizenfelder, so weit das Auge reichte, Birkenwälder, in deren lichten Schatten mit gefüllten Teigtaschen und Wodka gepicknickt wurde, schwermütige russische Weisen, gesungen von einem Jungen mit einer Leier und einer Kosakenmütze – Caroline konnte alles ganz deutlich vor sich sehen. Dann schüttelte sie den Kopf. Nein, so war es wohl nur in alten Zelluloidstreifen aus den Fünfzigern – sicher waren Sibirien und die Sibirierinnen ganz anders, grau und häßlich, der Himmel von Industrieabgasen verdunkelt, die Frauen radioaktiv verseucht und viel zu grell geschminkt.

»Hallöle!« schrie jemand hinter ihr. »Mer kenne uns doch!«

Caroline drehte sich um und sah direkt in das sommersprossige Sonnenbrand-Gesicht des Hessen aus dem gelben Cabrio. Neben ihm grinste der flusenbärtige Brünette.

»Du bischt doch eine von dene Mädels aus dem rote Kombi«, half er Caroline auf die Sprünge. »Wo sin denn die annere?«

»Äh«, sagte Caroline.

»Isch bin der Harald«, wiederholte der Flusenbärtige. »Und des isch der Pädder.«

»Des sind wecklisch schöne Name«, sagte Caroline, aber allein machte es keinen Spaß, ekelhaft zu sein. Sie wandte sich zum Gehen.

»Warte doch mal«, rief Harald. »Wie heißt denn du?«

»Frieda«, sagte Caroline spontan.

»Du siehst gar nicht aus wie eine Frieda«, sagte Peter mit dem Sonnenbrand. Er schien echte Menschenkenntnis zu besitzen. Caroline beschleunigte ihre Schritte. Peter und Harald waren zuviel für eine allein. Sie führte sie auf direktem Wege zu ihren schlafenden Freundinnen. Der Anblick der vier Mädchen im Liegestuhl freute die beiden Hessen über alle Maßen. Caroline hörte deutlich einen kleinen Juchzer.

»Wir haben Besuch«, sagte sie laut.

Matilda öffnete als erste die Augen. Als sie Peter und Harald erblickte, machte sie sie gleich wieder zu.

»Pädder und Harald«, rief Pädder und strahlte über alle seine Bärte. »Wir sind die aus dem gelben Cabrio.«

Peggy und Franziska richteten sich auf und blinzelten, nur Angie rührte sich nicht. Der Walkman hüllte sie in wohlige Musikklänge.

»Ihr fahrts wohl auch nach Korsika«, setzte Harald die Kommunikation fort. »Genau wie wir.«

»Korsika?« wiederholte Franziska. »Fährt das Schiff etwa nach Korsika? So ein Mist, wir wollten doch nach Ibiza. Ich hab' gleich gesagt, da sind wir hier falsch. Na ja, aber wo wir schon mal da sind, schauen wir uns eben Korsika an.«

»Du, die Insel ist phantastisch«, tröstete sie Harald. »Wir beide, der Pädder und isch, wir waren schon elfmal dort.«

»Ist es denn wahr!« Peggy gähnte unflätig.

»Ja, wir kennen uns aus! Wenn ihr Rat braucht oder ein paar Tips, wir kennen jeden Winkel dort.«

Matilda knurrte mit geschlossenen Augen. »Einen Winkel, den ihr noch nicht kennt, wird's doch wohl geben, sonst fahre ich gleich wieder zurück.«

Harald und Peter lachten.

»Die Frieda hier kennen wir ja jetzt schon«, meinte Peter und zeigte auf Caroline. »Aber eure Namen wissen wir noch nicht.«

Es hagelte sofort Namen. »Gustl, Dietlinde, und das ist Rosinante, sie ist aber taubstumm.«

»Ich bin der Ulf«, murmelte Matilda. »Ich bin in echt ein Mann.«

Peter starrte verunsichert auf ihren Busen.

»Luschtig«, sagte er.

Harald betrachtete die taubstumme Angie-Rosinante mitleidig. »Aber warum hat sie einen Walkman auf?« erkundigte er sich schließlich.

»Wegen der Zugluft«, erklärte Peggy.

Peter und Harald zogen zwei weitere Liegestühle heran und ließen sich ungefragt darauf nieder.

»Wo wollt denn ihr zuerst hin?« fragte Peter interessiert. »Vielleicht haben wir ja dieselbe Richtung!«

»Nein, wir fahren in die andere Richtung«, sagte Franziska bestimmt.

»Woher willst du das denn wissen?« Peter und Harald lachten. Sie waren wirklich unerschütterlich. »Du bist echt witzig, Gustl!«

»Gudrun«, verbesserte Franziska. »Wo fahrt *ihr* denn zuerst hin?«

»Du, wir sind da nicht so festgelegt«, erklärte ihr Harald. »Wir kennen ja schon alles in- und auswendig.«

»Wir werden euch zeigen, was interessant ist«, versprach Peter. »Ihr müßt nur immer hinter uns herfahren, Gudrun.«

»Gisela«, verbesserte Franziska. Peter und Harald waren nur mäßig verwirrt.

Aber jetzt nahm die taubstumme Rosinante ihre Kopfhörer ab und sagte: »Ich muß mal.«

»Ich dachte, sie ist taubstumm«, sagte Peter. Ganz doof war er ja nicht.

»Ja«, sagte Caroline. »Aber sie kann ein paar wichtige Sätze sprechen. *Ich muß mal* braucht man ja ziemlich oft.«

Angie starrte die beiden Jungs mißmutig an.

»Ich muß mal«, wiederholte sie.

»Ich gehe mit dir«, sagte Peggy und stand auf.

»Ich auch«, sagte Caroline.

Franziska und Matilda tauschten einen müden Blick.

»Wir auch«, sagten sie dann und nahmen ihre Rucksäcke.

»Mädchen müssen immer zu mehreren aufs Klo«, sagte Harald verständnisvoll. »Wir warten hier und halten eure Liegestühle frei.«

»Schade um die schönen Stühle«, meinte Caroline, als sie außer Hörweite waren. »Wie werden wir die jemals wieder los? Das Schiff ist so groß nun auch wieder nicht.«

Franziska zuckte mit den Schultern. »Wir hätten Perücken mitnehmen sollen.«

»Ich hab's euch gleich gesagt«, meinte Peggy. »Und Leo auch. Fünf hübsche Mädchen allein unterwegs, da kann man sich vor aufdringlichen Typen gar nicht mehr retten. Wir müssen uns eben häßlich und unattraktiv machen.«

»Ach, und wie bitte soll das gehen?« erkundigte sich Matilda. »Bei euch funktioniert das vielleicht noch, aber bei mir ist das völlig ausgeschlossen.«

»Eingebildete Kuh«, knurrte Caroline.

»Kopftücher«, erläuterte Peggy. »Man muß es so binden wie eine türkische Putzfrau, Stirn und Haare verdeckt. Falls man trotzdem noch angesprochen wird, schiebt man die Zunge in die Unterlippe und rülpst laut. Spätestens dann ergreift jeder Typ die Flucht.«

Franziska und Caroline kicherten.

»Ich muß mal«, ließ sich Angie erneut vernehmen.

»Oh, du mußt wirklich, ich dachte, es sei nur ein raffinierter Trick gewesen, um von den Idioten wegzukommen«, sagte Caroline überrascht.

Angie sah sie leicht beleidigt an.

»Ich muß mal«, wiederholte sie. »Ganz dringend.«

»Schon wieder?« fragte Caroline, aber Peggy hatte Angie schon am Arm gefaßt und suchte mit ihr die Toiletten auf.

Franziska kramte ein großes Tuch aus ihrem Rucksack und wand es sich um den Kopf, wie Peggy beschrieben hatte.

»Na, wie sehe ich aus?«

»Bescheuert«, gab Matilda zu. »Saublöd.«

»Wenn ich jetzt noch auf Befehl rülpsen könnte, wäre der Urlaub gerettet.«

»Wir könnten was trinken gehen«, schlug Caroline vor. »Was mit Kohlensäure, dann kannst du das mit dem Rülpsen üben.«

Als Peggy und Angie vom Klo kamen, suchten sie gemeinsam das Bordrestaurant auf, um zu frühstücken. Alle bestellten ein großes Frühstück, das heißt alle bis auf Angie.

»Hast du keinen Hunger?« erkundigte sich Matilda. »Wir haben doch seit gestern mittag kaum was gegessen.«

Angie schüttelte stumm den Kopf. Peggy reichte ihr ein Croissant hinüber.

»Probier mal«, sagte sie. »Das ist ganz frisch.«

»Mag ich nicht«, sagte Angie.

»Aber du mußt doch was essen«, sagte Peggy besorgt. »Sieh mal, eine halbe Schnitte Brot mit Marmelade, wäre das nichts?«

Angie schüttelte den Kopf. »Erdbeermarmelade mag ich nicht.«

»Dann nur mit Margarine«, sagte Peggy und schmierte eine Schnitte mit der Margarine aus dem winzigen Folientöpfchen, das zu ihrem Frühstück gehörte.

»Ist das Lätta?« fragte Angie.

»Nee du«, antwortete Peggy. »Aber die schmeckt sicher genauso«.

»Keine schmeckt wie Lätta«, gab Angie zurück. »Ich mag keine andere Margarine.«

»Aber du mußt doch was essen«, sagte nun auch Franziska.

Caroline seufzte leicht genervt. Angie war wirklich anstrengend. Vielleicht lag das daran, daß sie gerade erst von ihrem Freund abserviert worden war. Schließlich ließ sie sich überreden, eine halbe Schnitte Brot ohne alles zu essen und eine Tasse Kakao dazu zu trinken. Auch die anderen schmausten nun voller Genuß.

Lange bevor sie damit fertig waren, spürten Harald und Peter sie allerdings wieder auf und ließen sich freudestrahlend an ihrem Tisch nieder.

»Da bist du ja, Gu- äh Gisela«, sagte Peter und schlug Franziska freundschaftlich auf die Schulter.

»Ich nix Gisela, ich Putzefrau«, sagte Franziska verzweifelt.

Harald und Peter lachten. Sie hatten wirklich ein sonniges Gemüt. Sie lachten auch noch, als Caroline und Peggy synchron rülpsten.

»Das wird lustig mit euch«, sagten sie. »Wir werden euch keine Minute aus den Augen lassen!«

2.

Liebster Fabian!

Sommer, Sonne, Semesterferien! Gibt es etwas Schöneres? Ja, ich weiß, Du findest Sibirien aufregender, ursprünglicher und exotischer! Jeder Depp, alle Pauschalreisenden, Hinz und Kunz und Krethi und Plethi führen nach Korsika, hast Du gesagt, besonders um die Jahreszeit. Tatsächlich ist diese Insel so wunderschön, daß man sie sogar mit Krethi und Plethi teilen möchte. (In unserem Fall heißen sie Pädder und Harald, aber davon später.)

Leider haben wir keine Delphine gesehen auf der Überfahrt. Ein älterer Mann auf der Fähre sagte mir, denen sei das Meer hier zu schmutzig. Ist das nicht traurig?

Wir sind im Norden der Insel angekommen und haben die Ostküste in einem halben Tag abgefahren. In meinem Reiseführer steht, daß sie nicht sehenswert ist, und das hat sich tatsächlich bestätigt. Der Reiseführer scheint von klugen Menschen verfaßt worden zu sein. Dafür sind im Osten wenigstens die Straßen breit und ausgebaut, und man kommt schnell vorwärts.

Die erste Nacht haben wir auf einem Campingplatz in der Nähe von Aleria verbracht, da waren wirklich Hinz und Kunz verteten – und Harald und Pädder leider auch. (Aber davon, wie gesagt, später.) Überhaupt, die Ostküste wurde erst ziemlich weit unten interessant, genau wie es in meinem Reiseführer steht. Korkeichenwälder, soweit das Auge reicht, und – Gott sei Dank – keine Spur von den Waldbrandschäden, die in meinem Reiseführer beschrieben werden. Wir haben dann den Südzipfel der Insel durchquert, um direkt zu diesem Fleckchen im Golf von Propriano vorzudringen, an dem wir mit Peggys Freund Leo und seinem uns unbekannten Kumpel Lucky verabredet sind.

Bevor wir unser umfassendes Kulturprogramm starten, steht uns nämlich der Sinn nach Erholung pur. Im Süden wartet Bonifacio, die Stadt auf den Felsen am Meer, auf uns, und ziemlich in der Nähe gibt es Statuen aus der Steinzeit zu bewundern – keine Sorge, wir werden uns alles ansehen, wenn wir den Studienstreß abgebaut haben. Noch träume ich jede Nacht von der Uni und davon, daß ich die beiden letzten Klausuren verhauen habe. Matilda sagt das gleiche. Sie meint, von Erholung könne erst dann die Rede sein, wenn sie ihre Matrikelnummer nicht mehr auswendig wüßte. Kann man das glauben? Sie kennt kaum unsere eigene Telefonnummer, aber die blöde Matrikelnummer weiß sie auswendig!

Du solltest unser Zeltlager sehen. Es ist so richtig schön verlottert. Mit viel Mühe haben wir eines der beiden Zelte aufgebaut, aber es dient nur der Gepäckaufbewahrung. Wir schlafen auf der vergammelten Plane, die Peggy aus den Beständen der KJG entwendet hat. (Für Dich als alten Protestanten, das ist die Abkürzung für Katholische Junge Gemeinde – oder heißt es Katholische Jugendgemeinde? Ich weiß es nicht, ich muß Peggy fragen, sie war Gruppenleiterin dort und hat mindestens zwölf Pfingstlager mitgemacht. Sie mußte, kaum war sie alt und vernünftig genug, aufpassen, daß die Jungs nicht in das Zelt der Mädchen kommen, und sie mußte Suppe für vierzig Leute kochen. Du solltest sehen, wie perfekt sie den Gaskocher handhabt. Der ist übrigens auch aus dem Besitz der KJG, aber der Pfarrer hat es ausdrücklich genehmigt. Puh, was für ein Satz. Fang am besten noch mal vor der Klammer an, sonst hast Du den Anschluß verloren!) Von dort hat Peggy auch alles andere her, was uns hier am Leben erhält. Wir können von Glück sagen, daß sie so katholisch ist.

Ehrlich gesagt, bevor wir sie benutzten, war die Plane in gutem Zustand. Es ist erstaunlich, wie schnell Sonnenbestrahlung, Essensreste, Rotwein und Sand aus schwarzem Segeltuch einen graufleckigen Lumpen machen können.

Ein besonders häßlicher Fleck entstand durch Matildas Enthaarungscreme. Sie hatte eine Megatube davon dabei, wir anderen wurden richtig neidisch, als sie ihre Beine damit einrieb. Aber Du kennst Matilda, sie ist die Großzügigkeit in Person, wir durften alle von der Creme nehmen, soviel wir wollten. Unsere Beine sind nun wunderbar glatt, ich wollte, Du könntest mal drüberfühlen. Nur über meine Beine, versteht sich.

Dies hier ist eine Bauernwiese, kein offizieller Campingplatz. Peggy und ihr Freund Leo haben sie bei ihrem letztjährigen Korsikatrip ausfindig gemacht. Ein absoluter Geheimtip, Pädder und Harald werden uns hier sicher nicht finden! Vor uns das Meer und der Sandstrand, um uns herum plattgetretene Macchia – so nennt man die niedrige Vegetation hier, eine Mischung aus struppigem Gebüsch und Wildkräutern – und kleine Büsche, außer uns zwei oder drei Wohnwagen, Familien mit Kindern, Krethi und Plethi würdest Du sagen, aber weit genug weg.

Ein riesenhafter Hund mit verknautschtem Gesicht streunt hier herum. Er hat uns in sein Herz geschlossen, vermutlich wegen der Leberwurstbrote, die wir ihm zustecken. Er liegt meistens im Schatten unseres Zeltes und läßt uns nicht aus den Augen. Wir haben ihn Hermann getauft, so hieß Matildas und Franziskas alter Mathelehrer, die beiden sagen, daß der auch auf Leberwurstbrote stand.

Hinter uns erhebt sich ein großer Hügel oder ein kleiner Berg – wie man's nimmt –, und auf dem Berg steht eine ausgesprochen malerische Burgruine. Sie macht sich wunderbar als Hintergrundkulisse für unsere Urlaubsfotos. Wasser gibt es nur beim Bauern, zwei Kilometer den Berg rauf, man kann es dort in Kanister abfüllen – wir haben zwei große aus den Pfingstlager-Beständen – fünf Liter kosten zwei Francs. Strom gibt es natürlich auch nicht, und schon gar keine Toiletten. Aber das macht nichts. Man gewöhnt sich schneller daran, mit Schaufel und Klopapier ins Gebüsch zu gehen, als ich es für möglich gehalten hätte.

Es ist nicht besonders romantisch, über diese Dinge zu reden, aber Tatsache ist, daß es schon ziemlich exotisch ist. Man zieht mit eindeutiger Absicht los, sucht sich ein ruhiges Plätzchen im knie- bis maximal hüfthohen Gebüsch, gräbt ein Loch und macht, was eben nicht so besonders romantisch zu erzählen ist. Anschließend schaufelt man du-weißt-schon-was und das Klopapier zu. Gar nicht einfach, sich gleichzeitig unsichtbar zu machen und zu konzentrieren. Das einzige, was hilft, ist zu wissen, daß es den anderen Bewohnern dieser »Wiese« genauso geht.

Erst gestern machte ich die Bekanntschaft eines unserer Wohnwagennachbarn. Ich hatte ein fast schulterhohes Büschlein entdeckt, hinter dem ich du-weißt-schon-was erledigte, hatte gerade die Hose wieder hochgezogen und wollte das Loch zuschaufeln, als sich auf der anderen Seite des Büschleins ebenfalls jemand erhob. Wir sahen uns ziemlich verlegen an und unterließen dann sowohl Grüßen als auch Zuschaufeln in stillem Einverständnis. Der Mann hatte sowieso keine Schaufel dabei, fällt mir im nachhinein auf, das Ferkel. Wenn ich noch mal zu diesem Busch gehe, muß ich aufpassen, wo ich hintrete!

Na ja, die gewohnten Hygienevorstellungen muß man eben schnell über den Haufen werfen, wenn man Camping macht. Meine Einmalklosettsitze jedenfalls kann ich hier leider vergessen. Ich finde, Matilda und Franziska können echt stolz auf mich sein. So rasch wie ich mich angepaßt habe – als hätte ich mein Leben lang nichts anderes getan, als dreckverkrustet auf Bauernwiesen zu übernachten! Das Wasser in unseren Kanistern reicht uns zum Kochen und Zähneputzen, mehr brauchen wir nicht, so unter uns Frauen. Das Salzwasser läßt die Haare gar nicht mal so schlecht aussehen, sie haben entschieden mehr Stand, und wer will schon gut riechen? Ich meine, für wen denn, wenn alle tollen Männer in Sibirien sind.

Leo und sein Kumpel Lucky – ist der Name nicht bescheuert? – wollen in zwei Tagen hier aufkreuzen. Peggy sagt, Lucky sei ein ganz toller Typ, ein echter Frauenheld. Matilda bekam leuchtende Augen, als sie das hörte. Vermutlich wird der Wasserverbrauch sprunghaft ansteigen, wenn wir das Lager mit Männern teilen. Ich kann nicht sagen, daß ich diesen Augenblick herbeisehne. Du solltest uns sehen: wir schlafen unter freiem Himmel, umsurrt von Mücken, kochen unter freiem Himmel, essen unter freiem Himmel und – jetzt im Augenblick – liegen wir am Strand unter freiem Himmel.

Ja, ja, ich weiß, am Strand rumliegen ist nicht gerade die coolste Urlaubsbeschäftigung, aber wir haben noch mehr als vier Wochen vor uns, um alles zu überprüfen, was im Reiseführer steht, da können uns ein paar Tage am Strand vorher nicht schaden. Das Meer ist so schön blau, der Strand schneeweiß, eine frische Brise weht den feinen Sand auf unsere eingecremten ebenfalls schneeweißen Leiber. Es könnte also vollkommen sein, wenn man von den Mücken und der bevorstehenden Ankunft der Jungs mal absieht, aber da ist ein winzig kleiner Wermutstropfen, und der heißt Angie, Peggys kleine Schwester. Angie (sprich: Andschi, nicht etwa Äändschi, da ist sie sehr empfindlich) sieht Peggy ziemlich ähnlich, blonde Locken, blaue Augen, großer Mund, aber sie ist lange nicht so hübsch. Sie ist, unter uns gesagt, die Langeweile in Person, ihr fehlt einfach das gewisse Etwas. Im Gegensatz zu Peggy kriegt sie kaum den Mund auf, höchstens mal zum Gähnen. Aber Peggy himmelt ihre Schwester an. Sie tut so, als wäre Angie ein Ausbund an Schönheit, Intelligenz und Beredsamkeit. Und Angie findet das auch. Sie hat gerade Abi gemacht, und Peggy läßt keinen Tag verstreichen, um sie nicht dafür zu loben.

»Wahnsinn, wie du das wegsteckst, all die Wochen Lernerei und diesen Prüfungsdruck«, sagt sie, als hätte sie selber in den letzten Monaten nur Däumchen gedreht. »Und dieser schwierige Lernstoff. Ich glaube nicht, daß das zu meiner Zeit schon so schwer war.«

Angie nickt dann wehleidig und sagt nichts.

Oder Peggy sagt: »Ach, ich wünschte, ich hätte deine schönen Locken.« Ihre eigenen Locken sind länger, glänzender und vor allem blonder, aber sie und Angie haben da eine ganz eigene Sichtweise.

»Mach dir nichts draus«, antwortet Angie in einem ungewöhnlichen Anfall von Redegewandtheit. »Dafür hast du schönere – ähm – Füße.«

»Nein«, widerspricht Peggy dann auf heftigste, und ich könnte sie schütteln und würgen, »deine Füße sind doch viel schöner als meine.«

Und dann erst Angies Eßgewohnheiten! Weißt Du noch, das letzte Mal bei unserem Italiener, als ich einen Rest Salat stehenlassen wollte, weil rohe Zwiebeln und rote Beete drin waren? Du hast den Kopf geschüttelt und gesagt, ich sei verwöhnt und pingelig, und ich habe mich gezwungen, das Zeug hinunterzuwürgen. Das ist so gesund, hast Du zufrieden gesagt. Ich hatte Angst, Du würdest mich auf die hungernden Kinder in der dritten Welt hinweisen oder auf die Nahrungsknappheit nach dem Krieg, denn das macht mein Vater immer, wenn ich rote Beete oder rohe Zwiebeln stehenlassen will. Auch er kommt dann mit Begriffen wie verhätschelt und verzärtelt, dabei sind es nur diese beiden Nahrungsmittel, deren Geschmack und Konsistenz mir zuwider sind. Nun wäre es interessant zu hören, welche Begriffe Dir und ihm für Angie einfielen, denn die mag eigentlich überhaupt gar nichts. Keinerlei Salat, kein Obst, außer Mandarinen, aber die gibt es um diese Jahreszeit nicht, kein Gemüse außer Erbsen aus der Dose, keine Wurst, keinen Käse, überhaupt keine Milchprodukte, keine Pilze, kein Geflügel, kein Körnerbrot – es ist wirklich verblüffend. Was auch immer wir vorschlagen oder auftischen, Angie verzieht angewidert das Gesicht und schüttelt den Kopf.

»Mag ich nicht«, sagt sie mit ihrer sanften, immer ein wenig leidenden Stimme. (Vermutlich hat sie eine schlechte Verdauung, viel zu wenig Ballaststoffe. Ich sollte ihr mal ein paar von meinen Backpflaumen anbieten. Obwohl, ich weiß genau, was sie sagen wird. Es fängt mit *Mag* an und hört mit *ich nicht* auf.)

Das, mein Lieber, nenne ich verwöhnt! Sie ist, unter uns gesagt, eine ziemliche Nervensäge. Sie sagt überhaupt nur drei Sätze, immer abwechselnd. »Mag ich nicht, weiß ich nicht« und »Ich muß mal«, es ist zum Verrücktwerden. Ein Besuch mit ihr in einem Supermarkt, hundertmal »Mag ich nicht, weiß ich nicht, ich muß mal«, danach bist Du reif für die Klapsmühle. Aber die anderen, vor allem natürlich Peggy, sind schrecklich besorgt um Angie. Sie hat irgendwas an sich, was alle Leute, selbst Matilda, dazu bringt, sie zu bemuttern. Alle denken, sie könne verhungern und verdursten – das liebe

Kind mag nämlich auch kein Wasser, keinen Tee, gar nichts Flüssiges, nur Kakao und eine bestimmte Sorte Pfirsich-Nektar, den wir von zu Hause mitgenommen haben, der aber jetzt zur Neige geht. (Pfirsiche findet Angie *e-kel-haft*, aber den zuckrigen Sirup mag sie – das soll mir mal einer erklären!) Peggy hat ganze Batterien von Vitamintabletten (ersetzen das Obst) und Calciumtabletten (ersetzen die Milchprodukte) mit und sorgt dafür, daß Angie regelmäßig ißt und trinkt.

Sie sorgt überhaupt für alles, was Angie betrifft. Angie muß nicht spülen, weil ihre Nagelbettentzündung noch nicht ausgeheilt ist, Angie muß ihren Schlafsack nicht zum Lüften aufhängen, sie muß sich nicht an der Nahrungszubereitung beteiligen, sie muß sich nicht mal selber eincremen. Und gestern, als das liebe Kind seine Sonnenbrille in einem Café vergessen hatte, mußte es nicht mal hingehen und danach fragen, das hat auch Peggy für sie getan. Und ich habe Peggy immer bewundert und beneidet, weil sie so tough und cool ist! Nie hätte ich gedacht, daß sie sich zu irgend jemandes Sklaven macht. Aber da kannst Du mal sehen! Was das betrifft, bin ich froh, wenn Peggys Freund Leo endlich kommt, dann wird sie Angie links liegenlassen.

Die dunklen Flecken auf dem Papier sind Schweiß und Sonnenmilch. Jetzt wird es auch unter dem Schirm unerträglich, ich ziehe mich für ein, zwei Stunden ins Meer zurück – mit T-Shirt. Matilda und Franziska sagen, ich sei weit und breit die einzige mit Sonnenschutzfaktor 30, Textilien am Oberkörper, Sonnenschirm und Sonnenhut, man müßte sich für mich schämen. Aber darüber kann ich nur lachen. Angie und Peggy haben schon ihren ersten Sonnenbrand, nachts im Schlafsack schmerzt jede Umdrehung. Sie gehören zu der Sorte Menschen, die denken, man wird nur langanhaltend braun, wenn man sich gründlich verbrennt, mehrmals pellt und dann wieder nachgrillt. Bitte sehr, von mir aus. Am Ende des Urlaubs werde ich ihnen den Artikel über Sonnenbäder und Faltenbildung unter die Nase halten, den ich extra ausgeschnitten habe. Du mußt keine Angst haben: Ich werde Korsika völlig faltenfrei verlassen, mit einer ganz, ganz zarten Bräune und ein paar unvermeidlichen Sommersprossen. Matilda und Franziska werden dunkelschwarzbraun sein, Angie und Peggy gold- bis rotbraun. Vielleicht werden sie toll aussehen, vor allem in weißen Kleidern, aber eben um zehn Jahre gealtert. Die Falten werden sich ein für allemal in ihre Gesichter gegraben haben. Magst Du Rothaarige immer noch am liebsten?

Deine Caroline

P.S. Jetzt hätte ich doch beinahe vergessen, Dir von Pädder und Harald zu erzählen. Wir haben die beiden schon auf der Fähre kennengelernt, sie sehen so aus, wie sie heißen. Und obendrein sind sie bebärtet, auf vielerlei Weise. Aber das schmälert ihr Selbstbewußtsein keinesfalls. Sie haben sich in den Kopf gesetzt, einen Ferienflirt mit uns anzufangen, mit wem genau ist ihnen wahrscheinlich ganz egal. Egal ist ihnen auch, daß wir sie behandeln wie den letzten Dreck. Als wir von der Fähre runterfuhren, klebten sie uns mit ihrem postgelben Cabrio gleich an der Stoßstange. Matilda sagt, es sei ein Sakrileg, solch häßliche Männer in einem solch schönen Auto, aber ich finde, man sollte ihnen wenigstens das Auto gönnen.

Wir haben alles versucht, um sie abzuhängen, ja, wir sind das Risiko eingegangen, uns in einer völlig fremden Stadt in den kleinen Gäßchen zu verfahren, aber wie es der Teufel wollte, das Schild »Toutes directions« (Alle Richtungen) taucht immer wieder auf, genau wie das gelbe Cabrio. Schließlich waren wir raus aus der Stadt, aber auf dieser autobahnähnlichen Strecke war es erst recht nicht einfach, die beiden abzuschütteln. Um ehrlich zu sein, es war sozusagen unmöglich, weil ich mit Fahren an der Reihe war, und Du weißt ja, daß ich eher vorsichtig und langsam fahre. Meine Fahrweise war dann auch schuld daran, daß Harald und Pädder sich den gleichen Campingplatz zum Übernachten aussuchten. Sie schlugen ihr Zelt unmittelbar neben unserem Platz auf und wichen den Rest des Abends nicht mehr von unserer Seite. Sie brachten eine Kühltasche voller Bierdosen mit und wurden mit jeder leeren Dose aufdringlicher.

»Isch bin der Pädder, und isch mag Rothaarige«, sagte Pädder zu mir, als könnten wir seinen Namen in der Zwischenzeit vergessen haben.

Ich schüttelte meine Haare und sagte, das Kompliment freue mich besonders, da ich immer noch mit Kopfläusen zu kämpfen hätte. Prompt rückte er von mir ab. Keine zwei Sekunden später hörte ich ihn zu Peggy sagen, er stünde auf Blondinen.

»Was für ein Glück für dich und mich«, sagte Peggy zu ihm. »Ich bin nämlich ein Fan von pickeligen Hessen mit spärlichem, aber ungepflegtem Bartwuchs.«

Jeder andere hätte sich beleidigt in seinen Schlafsack getrollt, aber Pädder ist von anderem Kaliber. Er kratzte sich lediglich seine Pickel auf und sagte dann zu Franziska, er stünde auf Brünette. Sein Freund Harald begrabschte derweil abwechselnd Angie und Matilda. Wir wurden und wurden sie nicht los, erst der Alkohol konnte sie ermüden. Die beiden sind eine echte Landplage.

Es wird Dich trotzdem nicht freuen, zu hören, wie wir uns ihnen gegenüber einen Vorsprung verschafft haben, denn der Hauptleidtragende ist das unschuldige gelbe Cabrio. Franziska schlug vor, die Reifen zu zerstechen, aber das erschien uns dann doch zu kriminell. Wir gossen statt dessen im Morgengrauen kanisterweise Wasser auf die Sitze, unmöglich, darauf zu sitzen. Außerdem schmierten wir unsere kostbare Diätmargarine auf das Lenkrad. Dann machten wir uns aus dem Staub, ehe Pädder und Harald mit ihrer Bierfahne aus dem Zelt torkeln konnten.

Wir können nur hoffen, daß sie uns hier nicht finden. Vielleicht sollten wir für immer hierbleiben.

P.P.S. Grüße auch von Matilda, Franziska, Peggy und Mag-ich-nicht. Ich muß aufhören, sie wollen meine Schlafmatratze als Wasserspielzeug mißbrauchen. Immer und immer verspotten sie mich wegen dieses Luxusbettes. Der pure Neid, sag' ich Dir! Gestern nacht hatten sie alle Ameisen im Schlafsack, alle außer mir. Das ist doch wohl der Beweis, daß diese Matratze kein Fehlkauf war!

3.

In der Nähe von Porto Pollo
30. Juli

Das Lager wirkte mit jedem Tag verlotterter.

»Bevor die Jungs kommen, könnten wir wenigstens mal die Plane ausschütteln«, schlug Franziska vor, aber keiner rührte sich. Es hatte Reis mit Paprikaschoten zum Abendessen gegeben, für Angie eine Schnitte Brot mit Nutella. Brote mit Nutella und Pfirsichsaft waren ihre einzige Nahrungsquelle, weswegen die anderen darauf verzichteten, etwas von diesen Dingen zu essen oder zu trinken. Trotzdem war das Nutellaglas fast leer.

»Hoffentlich kann man hier so was kaufen«, sagte Peggy leicht besorgt. »Morgen müssen wir wieder nach Porto Pollo in den Supermarkt. Vielleicht gibt es da auch deinen Pfirsichsaft, Angie. Du mußt doch genug trinken bei den Temperaturen.«

Hermann, der unförmige Hund, der sich ihnen angeschlossen hatte, stöhnte wie zur Bestätigung. Die Mädchen gaben ihm zweimal am Tag Wasser aus einem KJG-Suppennapf. Matilda streichelte über den dicken Kopf.

»Hermann, Hermann«, sagte sie. »Langsam solltest du dir ein neues Frauchen oder Herrchen suchen, denn wir bleiben ja nicht ewig hier an diesem Ort.«

»Das ist richtig«, meinte Franziska. »Es wird Zeit, daß wir mal was anderes tun, als hier herumzulungern. Ich habe schon fast nichts mehr zu lesen.«

»In Carolines Reiseführer steht, daß Bonifacio eine der schönsten Städte auf der Insel ist. Von hier aus brauchen wir höchstens eine Stunde«, sagte Peggy. »Bevor wir weiter nach Norden fahren, sollten wir uns das unbedingt ansehen.«

Die anderen nickten.

»Und Filitosa«, setzte Matilda hinzu. »Da stehen über 6000 Jahre alte Statuen aus Stein. Das will ich unbedingt sehen.«

»Wieso, sind es nackte Männer?«

Matilda kicherte. »Wenn die vor 6000 Jahren schon Lendenschurze trugen, dann leider nicht!«

»Das sollten wir morgen überprüfen«, schlug Franziska vor. »Morgen Filitosa und Bonifacio übermorgen. Und dann müssen wir uns langsam aufmachen ins Landesinnere, sonst verpassen wir am Ende noch Ollie und Benedikt.«

Caroline blickte hinauf zu der Burgruine, die im letzten Abendsonnenlicht golden strahlte. »Aber schön ist es hier wirklich. Und Pädder und Harald finden uns hier nie.«

Peggy holte einen kleinen Kanister aus dem Proviantzelt. »Hier, bis die Jungs kommen, können wir uns noch mal so richtig danebenbenehmen.«

Franziska und Caroline betrachteten den Kanister skeptisch.

»Ich weiß nicht«, meinte Franziska. »Fünf Liter Rosé für fünf Franc! Das kann eigentlich nicht gutgehen.«

»Was soll's?« sagte Matilda. »Ich jedenfalls nehme einen Becher davon.«

Nach dem heißen Tag, die ganze Zeit in der Sonne mit relativ wenig Nahrungszufuhr, wirkte der Wein ziemlich schnell. Sogar Angie nahm ein paar Schlucke und brachte es danach immerhin über sich, den Walkman abzulegen.

»Wann kommen die denn, dein Leo und dieser Lucky?« fragte Matilda. »Ich dachte, die wollten um fünf hier sein!«

Peggy sah besorgt auf die Uhr. »Und jetzt ist es halb neun«, sagte sie. »Meinst du, ich muß mir Sorgen machen?«

»Ach was«, sagte Caroline und ließ sich der Länge nach auf ihre komfortable Luftmatratze plumpsen.

Matilda lachte. »Immer wenn ich diese Matratze sehe, fällt mir der Witz mit der Gummipuppe ein.«

»Was hat meine Matratze mit einer Gummipuppe zu tun?«

»Es ist ein unanständiger Witz. Willst du ihn hören?«

»Du kennst doch nur unanständige Witze«, sagte Peggy.

»Erzähl ihn trotzdem«, meinte Franziska und goß sich Rosé nach.

»Also«, begann Matilda. »Elf Kegelbrüder beschließen nach einem ordentlichen Besäufnis, alle zusammen in den Puff zu gehen. Dummerweise warten dort aber nur zehn Damen, und einer würde deshalb leer ausgehen. Da gucken sich die Kegelbrüder an und sagen: ›Hey, der Hein, der ist so besoffen, der kriegt doch gar nichts mehr mit, dem geben wir einfach eine Gummipuppe, das merkt der gar nicht.‹ Die schicken also den Hein mit der Gummipuppe ins Separée und reiben sich zufrieden die Hände. Am nächsten Morgen sitzen sie verkatert im Hotel, und natürlich wollen alle wissen, wie es denn vergangene Nacht bei Hein gelaufen ist. Der Hein ist immer noch ganz aufgeregt. ›Nee‹, sagt er auf kölsch, ›sowat hab isch noch niemals erlebt. Mit der konntest du alles machen, die hat keinen Laut von sisch jejeben und ihre Beine dermaßen verrenkt, dat muß 'ne Hexe jewesen sein. Denn am Schluß, wie isch sie jebissen habe, ist sie 'ne Runde um die Lampe geflogen und dann mit einem Zischen zum Fenster raus.‹«

Die anderen lachten sich kaputt, weniger, weil der Witz gut war, sondern mehr, weil Matilda ihn so anschaulich erzählt hatte.

»Und was hat die Gummipuppe mit meiner Matratze gemeinsam?«

»Beide sind mit Luft gefüllt«, sagte Matilda. »Und wenn man dich beißen würde, würdest du hier ums Lager herumschwirren wie eine Rakete!«

Das Lachen motivierte Matilda gleich zu noch einem Witz. Sie kannte lauter Witze, die sonst nur am Männerstammtisch erzählt wurden, chauvinistische, dämliche und kolossal frauenfeindliche, aber aus dem Mund einer Frau klangen sie nur halb so schlimm. Wenn man genau zuhörte, fand Caroline, konnte man sogar noch etwas dabei lernen. Angie schien das auch zu finden, sie lauschte jedenfalls mit offenem Mund.

»Eine Frau hat gerade entbunden und schickt ihren Mann jetzt zum Standesamt, um den Namen des Kindes anzumelden«, sagte Matilda. »Das Kind soll Uschi heißen.«

»Wer nennt denn sein Kind heute Uschi?« unterbrach Caroline empört. Sie fand, auch einem schlechten Witz konnte etwas Realismus nicht schaden.

»Pssst, das gehört zum Witz«, sagte Matilda. »Also, das Kind soll Uschi heißen, aber der Mann kann sich den Namen einfach nicht merken. Hör mal, sagt die Frau, ist doch ganz einfach, du denkst an meine Muschi und läßt den ersten Buchstaben einfach weg. Also gut, sagt der Mann, geht aber nicht auf direktem Weg zum Standesamt, sondern macht vorher noch Station in seiner Stammkneipe. Nach etlichen Schnäpsen und Bieren geht er dann los, aber natürlich hat er den Namen schon wieder vergessen. ›Warten Sie mal‹, sagt er zu dem Standesbeamten, ›ich muß den ersten Buchstaben weglassen. Ha, jetzt weiß ich es wieder. Das Kind heißt Otze.‹«

»Versteh' ich nicht«, sagte Caroline, aber die anderen wälzten sich vor Lachen auf der verschmuddelten Plane hin und her.

»Ich muß mal«, japste Angie schließlich, und auch Caroline verspürte dieses Bedürfnis. Im Dunkeln war das sowieso angenehmer zu erledigen. Sie nahm Schaufel und Klopapierrolle und verschwand mit Angie im Gebüsch. Angie nahm die erstbeste Strauchdeckung wahr, aber Caroline suchte sich einen Platz weiter draußen, von dem sie hoffte, daß kein anderer ihn in letzter Zeit aufgesucht hatte. Es war unangenehm, mit Sandalen in eine solche Stelle zu treten. Ja, ja, das Campingleben hatte auch so seine Tücken!

»Otze«, murmelte sie vor sich hin. »Das ist doch kein Name.«

Als sie zurückkam, war der Lagerplatz in gleißendes Licht getaucht. Die Scheinwerfer eines dicken Geländewagens mit ausgehängten Seitentüren beleuchteten die Szenerie. Caroline seufzte. Das mußten Leo und dieser Lucky sein – mit der lässigen Weiberwirtschaft war es jetzt zu Ende!

Leo war ein gutaussehender Typ, Mitte Zwanzig, dichtes, dunkles Haar, braune Augen und niedliche Grübchen neben den Mundwinkeln. Er und Peggy gaben ein hübsches Paar ab, Caroline sah, mit welcher Inbrunst Peggy in seinen Armen hing.

Der Anblick des anderen Typs war ein ziemlicher Schock! Auf dem Foto, das Peggy ihnen gezeigt hatte, war er bartlos und offensichtlich jünger gewesen. In den Jahren dazwischen mußte er sich diesen buschigen Schnauzbart gezüchtet haben! Auf dem Foto hatte man auch nicht sehen können, wie klein er war, höchstens einsfünfundsiebzig, und damit einen halben Kopf kleiner als Matilda.

Caroline blickte zu ihr hinüber. Sie war sicher schwer enttäuscht, denn garantiert hatte sie sich heimlich diesen Lucky als Ferienflirt ausgesucht. Aber Matilda machte keinen besonders enttäuschten Eindruck. Sie lächelte aus ihrer lässigen Liegeposition zu diesem Lucky auf, als sei er mindestens Brad Pitt.

»Das muß der Rosé für einen Franc den Liter machen«, dachte Caroline. »Ich hätte auch mehr davon trinken sollen.«

»Hallo«, sagte sie laut, als sie mit Spaten und Klopapier wieder auf der Plane stand.

»Hi, Caroline«, sagte Leo und schlug ihr seine Hand auf die Schulter. Er hatte immer so eine kumpelhafte Art.

Lucky sagte nichts, er sah Caroline nur an und drehte sich dabei eine Zigarette. Einhändig. Ein Raucher, auch das noch! Caroline sah, daß er eine Menge Falten um die Augen hatte, er war mindestens Mitte Dreißig! Caroline fühlte sich unter seinen musternden Blicken zunehmend unbehaglich. Schließlich legte sie die Klogangutensilien ab.

»Na, einen Neger abgeseilt?« fragte Lucky.

»Bitte was?«

Die anderen lachten. Caroline strengte ihre grauen Zellen an. Sie hatte schon den Otze-Witz nicht verstanden. Neger abseilen, was sollte daran komisch sein – das war kein Witz, das war ein rassistischer, mieser Scherz! Sie setzte sich stumm neben Franziska auf ihre Luftmatratze.

Leo und Lucky begannen, ihr Gepäck auszuladen. Es ging eine Menge Krempel in so einen Geländewagen. Die beiden hatten zwei Surfbretter mit und eine unbestimmte Anzahl von Segeln und Masten. Außerdem palettenweise Büchsenbier, genau wie Pädder und Harald. Hinten, wo sonst der Reservereifen prangte, war Leos Motorrad montiert.

»Ich habe Hunger«, sagte Leo schließlich.

»Wir haben leider schon gegessen«, sagte Caroline, aber Peggy war bereits aufgesprungen und zum Proviantzelt geeilt.

»Ich koche euch schnell was«, sagte sie. »Worauf habt ihr denn Appetit?«

»Hauptsache, es geht schnell«, sagte Lucky. »Nudeln mit Soße würden mir vollkommen reichen.«

»Und Brot dazu«, verlangte Leo.

Staunend sah Caroline, wie Peggy sich an die Arbeit machte. Franziska stand auf, um ihr zu helfen.

»Der Typ ist ja wohl uralt«, raunte Caroline Matilda zu, die besoffen auf der Matte liegengeblieben war.

»Dreißig«, gab Matilda zurück. »Er ist Feuerpferd im chinesischen Horoskop, das sind ganz besondere Typen.«

»Woher weißt du das?« fragte Caroline. Matildas esoterische Phase lag doch längst hinter ihnen. »Er sieht außerdem viel älter aus und als wäre er Affe im chinesischen Horoskop.«

Matilda leerte ihre Rosétasse und leckte sich die Lippen. »Er ist so ein Safari-Typ, ein Globetrotter, da bekommt man eben Falten um die Augen. Peggy sagt, Lucky sagt, er hat schon mit über sechzig Frauen geschlafen, aber die Richtige ist nicht dabeigewesen.«

»Oh, mein Gott«, stöhnte Caroline. »Und das soll man jetzt toll finden?«

Matilda nickte. »Irgendwo reizvoll, findest du nicht?«

Caroline sah sie an, als habe sie den Verstand verloren. Leo und Lucky ließen sich zum Essen nieder. Franziska reichte ihnen Teller und Besteck, Peggy löffelte Nudeln und Soße darauf.

»Brot«, erinnerte sie Leo, und Peggy sprang auf, um ihm das Gewünschte zu bringen.

»Sehr lecker«, lobte Lucky. »Wenigstens die kulinarische Seite des Urlaubs ist gerettet, wenn Frauen dabei sind, die so gut kochen können.«

Peggy und Franziska lächelten geschmeichelt. Alle sahen zu, wie Leo und Lucky sich die Nudeln reinschaufelten. Caroline bemerkte mit leisem Ekel, wie sich die Tomatensoße in Luckys Schnäuzer absetzte und dort antrocknete.

»Erzähl doch noch einen Witz«, sagte Franziska zu Matilda in die plötzliche Stille hinein. Matilda hielt das für eine gute Idee.

»Kennt ihr den Uschi-Witz?« fragte sie Leo und Lucky.

»Der ist jetzt nicht so passend«, meinte Caroline schnell, aber Matilda hatte zuviel Rosé getrunken, um den Wink mit dem Zaunpfahl zu bemerken.

»Also«, sagte sie fröhlich. »Eine Frau hat gerade entbunden und sagt zu ihrem Mann …«

»Matilda«, murmelte Caroline, die an Luckys und Leos Gesichtern sah, daß sie den Witz nicht komisch finden würden. So war das mit unanständigen, frauenfeindlichen Witzen. Männer haßten es, wenn sie von Frauen erzählt wurden. Matilda würde in ihren Augen ein für allemal als eine primitive Schlampe abgestempelt sein.

Aber Matilda wollte den Witz unbedingt wiederholen.

»Laß mich doch«, sagte sie zu Caroline, die sie mehrfach unterbrach. »Jedenfalls, der Mann steht vor dem Standesbeamten und sagt, jetzt weiß ich es. Otze! Das Kind heißt Otze.«

Sie brach in infernalisches Gelächter aus. Keiner sonst lachte. Matilda merkte es glücklicherweise gar nicht.

»Weiber und Alkohol«, sagte Lucky verächtlich und stand auf. »Wo ist denn eure Wäscheleine?«

»Unsere was?« fragte Franziska.

»Wo hängt ihr eure Wäsche auf, die Handtücher, wenn sie naß sind, und dergleichen?«

»Wir hängen sie über die Autotüren«, meinte Franziska. »Oder wir hängen sie gar nicht auf. Meistens wird alles trocken, bevor man dazu kommt, es aufzuhängen.«

»Weiberwirtschaft«, stöhnte Lucky. »Morgen kommt hier mal Ordnung in den Laden, was, Leo?«

Franziska und Peggy lächelten beschämt, Caroline zeigte Lucky in Gedanken einen Vogel.

Allgemeines Zubettgehen war jetzt angesagt. Ein letzter Klogang, Zähneputzen am Wasserkanister, Isomatten aufrollen und rein in die Schlafsäcke. Caroline thronte wie immer fünfzehn Zentimeter über den anderen. Nur leicht beduselt schaute sie hinauf in den klaren Sternenhimmel. Gerade wollte sie ihre übliche Fabian-Gedenkminute einlegen, als Luckys tiefe Stimme sie unterbrach.

»Wer ist denn eigentlich die Mutter auf der Luftmatratze?« hörte sie ihn fragen. Laut und deutlich. Jeder mußte es hören.

Mutter auf der Luftmatratze! Caroline schnappte empört nach Luft. Mutter! Sie war einundzwanzig, und dieser Lucky konnte, theoretisch gesehen, ihr Vater sein, na ja, sehr theoretisch gesehen. Auf jeden Fall hatte er schon mehr Falten um die Augen als ihr richtiger Vater.

»Das ist Caroline«, erwiderte Leo leise. Man konnte es sich mehr denken als hören. »Peggys Kommilitonin.«

»O Gott, so eine Psychotante«, sagte Lucky, immer noch gut vernehmbar. »Verklemmt und rothaarig, das sind mir die liebsten, echt. Die diskutieren dich wegen jeder Kleinigkeit in Grund und Boden.«

Caroline schloß empört die Augen. Dieser blöde Typ kannte sie doch überhaupt nicht. Was fiel ihm eigentlich ein? Und überhaupt, warum sprang niemand auf und trat einmal kräftig auf seinen Schlafsack!? Naja, vielleicht schliefen die anderen schon. Der Rosé machte jedenfalls ganz schön müde. Caroline schloß die Augen und versuchte an etwas Schönes zu denken.

Beim Frühstück schien die Welt wieder in Ordnung zu sein. Peggy hatte den Gaskocher nicht nur für das Kaffeewasser angeworfen, sondern auch für eine große Pfanne Rühreier mit Speck, die einen köstlichen Duft verbreiteten.

»Sehr gut«, lobte Lucky. »Was eine richtige Frau ist, weiß, was Männermägen brauchen.«

Peggy strahlte über das ganze Gesicht.

»Kann ich uns jeden Tag machen«, sagte sie.

Caroline sah sie scharf an. Irgendwas war anders, von Peggys plötzlicher Kochwut mal abgesehen. Tatsächlich, sie hatte Wimperntusche und Kajal aufgetragen, das erste Mal in diesem Urlaub. Und sie schmierte jetzt nicht nur Angie das Nutellabrot, sondern machte auch die Schnittchen für Leo zurecht. Ja, war sie denn von allen guten Geistern verlassen?

Leo allerdings schien das völlig normal zu finden.

»Noch eins mit Leberwurst und eins mit Marmelade«, gab er bei Peggy in Auftrag, und Peggy schmierte, was das Zeug hielt.

»Tja, und was wollt ihr Weiber heute anstellen?« fragte Lucky und drehte sich eine Zigarette. Der Rauch zog genau in Carolines Gesicht. Sie hustete demonstrativ, aber Lucky beachtete sie gar nicht. Er hatte sie den ganzen Morgen noch keines Blickes gewürdigt.

»Also, was habt ihr vor?«

»Woran hattet ihr denn gedacht?« fragte Peggy zurück, während sie die Brote für Leo in mundgerechte Häppchen schnitt.

»Ordnung schaffen«, sagte Lucky. »Bißchen surfen und dann am Strand nackten Weibern hinterherschauen.«

Er lachte und sog heftig an seiner Zigarette. Caroline rückte ein Stückchen zur Seite, aber wie der Teufel es wollte, der Qualm kam ihr einfach nach. Das war immer so. Jede Zigarette qualmte exakt in Carolines empfindliche Nase, so als hätten die Glimmstengel ein Eigenleben und könnten Caroline einfach nicht ausstehen.

»Heute sind Wellen da«, ließ sich Franziska vernehmen, dabei konnte sie das von hier kaum sehen. »Ein Strandtag wäre sicher schön.«

»Wir wollten doch heute nach Filitosa«, erinnerte sie Caroline. »Zu den Menhiren aus der Steinzeit.«

Lucky blies einen Rauchring aus seinen Lippen. »Diese Touristenkacke wollt ihr euch echt antun?«

»Mir eigentlich egal«, sagte Peggy.

»Mir auch«, schloß sich Angie an.

Franziska schaute nur sehnsüchtig zum Meer hinaus.

»Und was ist mit dir, Matilda?« fragte Caroline.

Matilda rekelte sich in der Morgensonne.

»Mir ist es auch gleich«, seufzte sie und warf Lucky einen schmachtenden Blick zu. »Wahnsinn, diese Rauchringe. Geht das schwer?«

»Ich bring's dir bei, wenn du willst«, sagte Lucky freundlich.

Caroline ärgerte sich. Matilda war erklärte Nichtraucherin. Sie studierte Gesang, und Rauchen schadete ihrer Stimme. Was sollte das also? Verspätetes Pubertäts-Trotzrauchen?

»Was ist jetzt mit Filitosa? Gestern wart ihr alle noch ganz wild darauf!« sagte Caroline.

Die anderen schwiegen schulterzuckend.

»Tja, das war wohl nichts«, sagte Lucky, ohne Caroline eines Blickes zu würdigen. Sie fing an, ihn wirklich saublöd zu finden. Seit er hier war, war über Nacht alles anders geworden.

Nachdenklich streichelte sie Hermann. Er wenigstens war noch der alte geblieben und hielt ihr vertrauensselig seinen dicken Kopf hin, damit sie ihn hinter den Ohren kraulen konnte.

Nach dem Frühstück – auch das neu – machte Peggy eine Lauge aus dem letzten Rest Wasser und spülte das Geschirr und die Pfanne. Anschließend trocknete sie gleich ab und räumte alles ordentlich weg.

»Die hast du dir gut dressiert«, sagte Lucky anerkennend zu Leo.

Leo nickte mit Besitzerstolz in der Miene.

»Dann machen wir uns auch mal an die Arbeit«, sagte Lucky und stand tatendurstig auf. Staunend sahen die Mädchen zu, wie die beiden das Lager verwandelten. Zuerst parkten sie die beiden Autos so um, daß sie zusammen mit dem Proviantzelt eine Art U bildeten. Zwei der sechs Surfsegel wurden so befestigt, daß ein Schattenfeld auf dem heißen Sand entstand, mehrere Leinen gespannt, an denen man Handtücher und andere Dinge aufhängen konnte. Die verschmuddelte Plane schlugen Lucky und Leo aus, bevor sie sie wieder ausbreiteten, völlig faltenfrei und mit Steinen beschwert, damit der Wind sie nicht mehr davonwehen konnte. Die nächste Neuerung war die Befestigung der Wasserkanister an Luckys Geländewagen mit Seilen und anderen Hilfsmitteln, so daß eine primitive Dusche entstand.

»Man merkt jetzt, daß hier Männer wohnen«, sagte Leo schließlich zufrieden und schlug Lucky krachend auf die Schulter. Gemeinsam machten sie sich zu einem Gang zu den Freilufttoiletten auf.

»Wie kommt es nur, daß ich mir auf einmal so schlampig und unorganisiert vorkomme?« fragte Matilda.

»Du hättest jedenfalls nicht den Uschi/Otze-Witz erzählen sollen«, gab Franziska zurück.

»Was? Vor den Jungs? Das soll ich getan haben?«

»Natürlich hast du«, sagte Peggy und cremte Angies empfindliche Nase ein.

»O mein Gott«, sagte Matilda. »Das muß dieser verfluchte Rosé gewesen sein. Naja, ich finde Leo und diesen Lucky jedenfalls okay. Es ist jetzt richtig wohnlich geworden hier.«

»Ja«, sagte Peggy. »Er ist eben ein richtiger Mann, kein Junge mehr.« Caroline vermutete, daß sie von Lucky sprach, und nicht von Leo.

Franziska kratzte sich gedankenverloren. »Er hat schöne blaue Augen.«

»Ich fand's vorher auch gemütlich.« Caroline seufzte und streichelte weiter Hermanns Ohren. Sie hatte ja geahnt, daß alles anders werden würde, wenn Männer dabei waren. Die meisten Frauen veränderten sich dann auf erschreckende Weise. Ausgerechnet die toughe Peggy war zu einem eilfertigen Hausmütterchen mutiert, immer kochen, spülen, immer bereit, Leo oder Lucky und natürlich Angie zu Diensten zu sein. Matilda fand grundsätzlich alle neuen Männerbekanntschaften so interessant, daß sie vorerst an nichts anderem interessiert war. Aber daß Franziska ebenfalls fasziniert von diesem Lucky zu sein schien, wunderte Caroline schon ziemlich. Sonst durchschaute Franziska die Menschen im Nullkommanix und schob sie in die richtigen Schubladen. Lucky gehörte eindeutig in die Schublade *minderwertigkeitskomplexkompensierender, unterbelichteter, vermutlich impotenter Macho,* befand Caroline.

Er war weit hinter der Entwicklung seiner Altersgruppe zurückgeblieben. Die machten nämlich mit Dreißig nicht mehr Urlaub mit Kids, die gerade mal die Schule verlassen hatten. Vermutlich waren alle Freunde in seinem Alter verheiratet und/oder erfolgreich, und das konnte Lucky nur schwer ertragen. Caroline beschloß, ihn bei nächster Gelegenheit zu fragen, was er denn beruflich mache. Wahrscheinlich, tippte sie in Gedanken, studierte er im hundertzwölften Semester Maschinenbau und war schon sechsmal durch die Prüfungen gefallen. Der Schnurrbart ließ jedenfalls auf etwas

Technisches schließen. Die Geisteswissenschaftler waren in der Regel flusenbebärtet, die Betriebswirte glattrasiert.

Rein äußerlich war nichts toll an ihm. Gut, er hatte schöne Augen, aber etwas Schönes hat schließlich jeder Mensch. Ansonsten war er eher klein und stämmig, ziemlich muskulös sogar, aber vor allem von der Hüfte aufwärts. Und er hatte einen Schnäuzer, jenen Makel, der sonst von Franziska und Matilda an allererster Stelle genannt wurde, selbst Flusenbärte rangierten weit dahinter. Und er trug Tennissocken und Turnschuhe zu Shorts. Caroline schnaubte leise vor sich hin. Diese supercoole Art, sich Zigaretten zu drehen und Rauchringe zu blasen, war üblicherweise auch nicht gerade unter den »Top-Ten« der erotischsten Eigenschaften eines Mannes. Caroline konnte sich beim besten Willen nicht erklären, was ihre Freundinnen an diesem Typ fanden.

Wo er doch auch noch so gemein zu ihr gewesen war. Mutter auf der Luftmatratze! Und das von so einem Grufti! Das würde sie ihm nicht vergessen. Sie kraulte Hermann unter der Schnauze, das mochte er besonders gern.

»Aus den Menschen wird man einfach nicht schlau«, flüsterte sie dem Hund zu. Aber diese hier waren immerhin ein interessantes Studienobjekt. Und wenn sie am Ende dieses Urlaubs herausgefunden hatte, was Franziska und Matilda und auch Peggy an diesem Lucky fanden, dann hatte sie wenigstens wieder was dazugelernt. Ja, das war wohl die beste Einstellung. Caroline erhob sich. Ein weiterer Strandtag, ein weiterer Studientag – warum nicht! Mit Schirm, Hut, T-Shirt und

Sonnenschutzfaktor 30 war das gar nicht so übel. Und sie hatte ein spannendes Buch, was brauchte man mehr zum Leben? Die Menhire standen jetzt mehrere tausend Jahre in Filitosa, auf ein paar Tage mehr oder weniger würde es jetzt auch nicht mehr ankommen.

»Ich muß mal«, sagte Angie.

Während sie ihre Bikinihose anzog, grinste Caroline vor sich hin. Wenigstens Angie hatte sich nicht anders betragen als sonst auch. Sie hatte über das Essen genörgelt und sich etwas Saft einflößen lassen wie ein Kleinkind.

Aber Lucky war richtig nett zu Angie gewesen. Er nannte sie »Kleine« und sorgte sich genauso um ihr Wohlergehen wie die anderen. Caroline hatte es immer geärgert, wenn sie, die Kleine, Zierliche, Zarte, die Beschützerinstinkte in den Männern geweckt hatte, anstatt großer leidenschaftlicher Gefühle, und nun mußte sie feststellen, daß Angie ihr den Part der zerbrechlichen, in Schutz zu nehmenden Seele streitig gemacht hatte. Sie wußte nicht, ob sie sich darüber freuen oder ärgern sollte.

Ganz egal, dieser Lucky würde ihr auf keinen Fall den Urlaub verderben. Vielleicht hatte er ein traumatisches Kindheitserlebnis mit einer Rothaarigen oder mit einer Luftmatratze durchlitten. Oder mit beidem. Vermutlich war es aber einfach Antipathie auf den ersten Blick. So was gab's. Damit mußte sie sich abfinden. Man konnte schließlich nicht jedermanns Liebling sein. Und bei diesem alternden Dschungelkönig – Lucky drehte sich Cameltabak ohne Filter und trug Safarihemden mit einem Camelemblem – war das nicht weiter tragisch. Sie warf energisch den Kopf in den Nacken.

Mit einem knappen »Danke!« nahm sie dem herankommenden Leo Spaten und Klopapierrolle ab, um nun selber ihr Morgengeschäft zu erledigen. Die Sonne stand schon hoch am Himmel, fast keiner der spärlichen Büsche warf noch Schatten, weswegen Caroline ihr Plätzchen besonders sorgfältig aussuchte. Sie fand ziemlich weit vom Lagerplatz entfernt eine bewachsene Mulde. Wenn man sich dort hinhockte, schaute nicht mal mehr der Kopf über die Gebüschkante. Froh schaufelte Caroline genau hier ein Löchlein.

Leider hatte sie die Rechnung ohne die Reiter gemacht, die hier jeden Morgen vorbeikamen. Ganze Kolonnen von Urlaubern, die im nahegelegenen Feriendorf zum Reiten animiert wurden. Sie hielten sich mehr schlecht als recht auf riesengroßen Pferden, von deren Rücken man einen phantastischen Ausblick hatte, auch in jene Mulde, in der sich Caroline in Sicherheit wiegte. Der Reitpfad führte keine sechs Meter entfernt an ihr vorbei. Caroline hörte den Hufschlag im weichen Sand und erstarrte zu Stein. Jetzt bloß keine Bewegung, vielleicht hielt man sie dann für ein Gebüsch. Aber nein, niemand konnte eine hellhäutige Rothaarige mit runtergelassenen Hosen für ein Gebüsch halten.

»Guck mal, Papa«, sagte ein kleines Kind. »Die Frau muß mal Pipi!«

4.

2. August
im Supermarkt von Porto Pollo

Das günstigste Glas Nutella, das sie finden konnten, kostete umgerechnet sieben Mark achtzig. Aber trotz dieser astronomischen Summe beschloß man, es zu kaufen, damit Angie nicht verhungern mußte. Pfirsichsaft der von ihr bevorzugten Marke gab es leider nicht, aber sie erklärte sich einverstanden, es einmal mit einem anderen Saft zu versuchen. Alle freuten sich darüber und lobten Angie für ihre Experimentierfreudigkeit. Caroline enthielt sich jeden Kommentars.

Die letzten zwei Tage hatten ziemlich an ihren Nerven gezehrt, ob man dies nun als besonders gelungene Versuchsanordnung betrachtete oder nicht. Die Ankunft der beiden Männer hatte zu eigenartigen Veränderungen unter den Freundinnen geführt. Wenn es darum ging, eine Entscheidung zu treffen, machten sie alle große Augen, zuckten die Schultern und wandten sich an Lucky und Leo, um deren Meinung zu hören. Caroline, die sich sehr bemühte, auch das Unangenehme als Teil eines großangelegten Psychologieprojekts zu betrachten, registrierte voller Staunen, wie Franziska, die Eigensinnige, und Matilda, die Egozentrische, sich den ganzen Tagesablauf, von den Aufstehzeiten bis zu der Wahl der Nahrungsmittel, vorschreiben ließen.

Gestern abend hatte Caroline mit eigenen Augen ansehen müssen, wie Matilda eine Zigarette geraucht hatte. Matilda, die Rauchen vor nicht allzu langer Zeit als perversen Ersatz für Oralsex bezeichnet hatte! Ganz cool hatte sie die selbstgedrehte Zigarette in der Hand gehalten, zwischen Daumen und Zeigefinger. Und das alles nur, um diesem Lucky zu gefallen.

Lucky! Caroline bekam eine Gänsehaut, wenn sie nur an ihn dachte. Er ignorierte sie immer noch vollständig, von einigen hinterhältigen Seitenhieben mal abgesehen. Caroline mutmaßte, daß er sie nicht mochte, weil sie die einzige war, die sich nichts von ihm vorschreiben ließ. Gestern hatte sie gegen alles Schulterzucken und »Weiß-nicht«- oder »Mir-egal«-Gerede einen Besuch in Filitosa bei den Menhiren durchgesetzt. Lucky hatte mindestens elfmal gesagt, daß das nur was für doofe Touristen sei. Wenn man ihm zuhörte, konnte man glauben, die Steinfiguren seien vor 6000 Jahren eigens dort hingestellt worden, um Urlauber zu verarschen.

»Ich fahre jedenfalls heute nach Filitosa«, hatte Caroline schließlich gesagt, und da hatten sich alle vier Mädchen ihr angeschlossen, wenn auch widerwillig, wie es schien. Leo und Lucky hatten den Tag über am Strand herumgelegen und auf eine gute Brise gewartet.

Filitosa war dann wider alle Erwartungen wirklich sehenswert gewesen, sehr beeindruckende riesenhafte Statuen und Steingräber, und auf der Fahrt dorthin und wieder zurück hatten sie jede Menge schöner Dörfer bewundert. Immer wenn jemand ein besonders malerisches Bild gesehen hatte, einen verschnörkelten Eisenstuhl unter einer blühenden Bourgainvillea, einen alten Mann mit einem Korb Zitronen oder eine Katze in einem verwitterten Fenster, dann hatte Matilda – sie war heute der Chauffeur – den Wagen angehalten, und sie hatten ihre Fotoapparate gezückt.

»Wir werden alle die gleichen Fotos haben«, hatte Franziska gekichert, als sie den leicht verschreckten Mann mit dem Zitronenkorb von allen Seiten abgelichtet hatten. Nach ein paar Stunden Lucky-Abstinenz war sie wieder richtig normal gewesen, die anderen übrigens auch. Auf der Rückfahrt zum Lager hatten sie dann einstimmig beschlossen, morgen nach Bonifacio aufzubrechen. Caroline war jetzt schon gespannt, was Lucky dazu sagen würde, denn er kannte Bonifacio bereits und hatte erklärt, es sei keine Stadt, die es lohnte, zweimal zu sehen.

Sie kauften den halben Supermarkt leer. Mehr als die Hälfte der Lebensmittel war für Lucky und Leo gedacht, registrierte Caroline. Sie wünschten sich jeden Tag Fleisch, und Peggy und Franziska überschlugen sich vor Eifer, es ihnen schmackhaft zuzubereiten. Caroline aß kein Fleisch mehr, seit sie diesen schrecklichen Bericht über Massentierhaltung, Tiertransporte und Schlachtung gesehen hatte.

Lucky hatte dazu bereits eine Bemerkung gemacht, so was wie: »Die leidet unter Eisenmangel, hab' ich gleich gesehen.«

Lucky sprach, wenn überhaupt, nur in der dritten Person von ihr, das entband Caroline von der Pflicht, unmittelbar zu einer Gegenbemerkung auszuholen. Noch sammelte sie Informationen über ihn. Nur wer die Schwächen seines Gegners kennt, kann ihn auch wirklich treffen. Und über Lucky war nicht besonders viel bekannt, außer daß er von sich behauptete, über sechzig Frauen »gehabt« zu haben. (Schon seine Vokabelwahl ließ Caroline die Haare zu Berge stehen.) Er kannte Peggy und Leo aus den alten KJG-Zeiten, genauer gesagt, er war der Leiter der Jugendgruppe gewesen, in welcher sich Leo und Peggy kennengelernt hatten. Peggy schien es völlig normal zu finden, daß Lucky auch zehn Jahre später noch nichts Besseres vorhatte, als mit seinen ehemaligen Schützlingen zu zelten.

Überhaupt machte er aus seinem Alter keinen Hehl. Gestern erst hatte er gesagt, daß er schon seinen Führerschein gemacht hätte, als sie alle noch mit der Rassel um den Tannenbaum gelaufen seien. Vielleicht, dachte Caroline, war er Berufskraftfahrer. Es war höchste Zeit, das herauszufinden.

»Ich muß mal«, jammerte Angie an der Supermarktkasse, und die Frau vor ihnen, die ganz offensichtlich Deutsch verstand, ließ ihnen voller Mitleid den Vortritt. Manchmal war es sogar von Vorteil, Angie dabeizuhaben, dachte Caroline.

Peggy hatte Koteletts gebraten, dazu gab es Reis und Salat und für Angie zwei Schnitten Weißbrot mit dem sündhaft teuren Nutella. Sie saßen alle auf der pikobello gereinigten Plane, das Essen stand auf einem improvisierten Tisch in der Mitte. Die Abendsonne konnte ihnen nichts anhaben, unter der Surfsegelbeschattung war es angenehm kühl. Ihre Handtücher und die Schlafsäcke flatterten im lauen Wind an straff gespannten Wäscheleinen, selbst die Heringe des Proviantzelts waren frisch nachgezogen, das Zelt sah nicht länger aus wie eine gleichgewichtsgestörte Henne. Das propere Lager immerhin hatten sie den Jungs zu verdanken, mußte Caroline eingestehen. Wenn man denn Lucky als einen Jungen bezeichnen wollte.

Er saß als einziger auf einem richtigen Stuhl, einem Campingstuhl, den er mitgebracht hatte. Damit thronte er weit über den anderen. Caroline überlegte schadenfroh, daß dies seine einzige Gelegenheit war, anderen Leuten auf den Kopf zu gucken. Hermann, der dicke Hund, kauerte zufrieden hinter ihnen und wartete darauf, die Kotelettknochen abnagen zu können.

Wie erwartet äußerte Lucky sein Befremden über den Wunsch der Mädchen, Bonifacio zu besichtigen.

»Die totale Touristenkacke«, sagte er. »Also, ich verschwende meinen kostbaren Urlaub jedenfalls nicht damit.«

»Apropos«, sagte Caroline rasch, »was machst du eigentlich, wenn du nicht gerade Urlaub hast?«

»Was glaubst du denn?« fragte Lucky zurück und richtete sich ein wenig auf, so daß seine Brustmuskeln besser zur Geltung kamen.

»Rausschmeißer in einer Disco?« tippte Caroline mit unschuldigem Gesicht. Sie fand sich wahnsinnig komisch, aber keiner lachte.

Lucky ließ sie wissen, er sei Berufssoldat, seit zwölf Jahren bei der Bundeswehr. Und nach den Ferien würde er mit einer Umschulung beginnen. Er wolle als Manager in die Wirtschaft.

»Aha«, sagte Caroline und hoffte, daß es mitleidig klang. Soldat also. Daher der militärische Drill, der Top-Zustand des Lagers. Triumphierend blickte sie zu Franziska hinüber.

Lucky sah sie mit gerunzelter Stirn an. »Ich könnte natürlich auch meine militärische Karriere fortsetzen, dann wäre ich in zehn Jahren General. Aber ich will öfter mal was Neues. Im Beruf und bei den Frauen.«

»So, so«, sagte Caroline und hoffte diesmal, daß es ungläubig klang.

»Soldat?« wiederholte Franziska. Caroline freute sich über ihr skeptisches Gesicht. Franziska stand definitiv auf Zivildienstleistende, das wußte sie genau. Und sie verabscheute Gewalt. »Ist das denn nicht ein schrecklich gefährlicher Beruf?«

»Doch«, sagte Lucky und erzählte bereitwillig aus dem Alltag eines Beinahe-Feldwebels und wie er um ein Haar, wirklich nur um ein Haar, in Bosnien zum Einsatz gekommen wäre. Und wie er beinahe der GSG 9 beigetreten wäre. Und wie er eine Nahkampfausbildung nach der anderen gemacht hatte. Er demonstrierte sogar eine kleine Übung, indem er Matildas Arm verrenkte. Matilda freute sich über die unverhoffte Zuwendung. Sie ließ sich hingebungsvoll das Schultergelenk auskugeln.

Dieser psychologische Versuch barg wirklich eine Reihe von interessanten Erkenntnissen. Caroline notierte in Gedanken: »Merke: Je mehr körperliche Macht ein Mann demonstriert, desto stärker seine sexuelle

Faszination, ganz gleich, wie niedrig sein IQ auch sein mag.«

Franziska sah aus, als würde sie auch gerne mal den Arm umgedreht bekommen.

»Wie war das?« fragte sie schüchtern. Lucky zeigte seine Bärenkräfte erneut. Diesmal war Franziska die Glückliche.

Caroline versuchte, das Unmögliche zu verstehen. Für alles gab es eine Erklärung. Neulich erst hatte sie gelesen, daß in fast allen Menschen mehr oder weniger ausgeprägte und unterdrückte Sadomaso-Phantasien schlummerten. Peggy lebte sie ganz offen aus, indem sie sich zu Leos Sklavin machte, das hatte Caroline bereits beobachtet. Sogar kneifen ließ sie sich von Leo. Anstatt zurückzukneifen oder sich mit einem kräftigen Tritt zwischen die Beine ein für allemal Ruhe zu verschaffen, quiekte sie lediglich laut.

Matilda, das wußte Caroline, war sogar im Besitz von Handschellen. Sie lagen in ihrem Zimmer, aber bisher hatte sie noch nicht verraten, ob und was sie damit tat. Von der Art, wie Matilda mit Männern umsprang, hätte Caroline allerdings eher auf einen leichten Hang zum Sadismus geschlossen, und den konnte sie mit Lucky sicher nicht ausleben, wo er doch aus seiner Gewaltbereitschaft keinen Hehl machte. Aber Matilda liebte Abwechslung, und Lucky war nicht mal der schlimmste Typ von allen, die sie bisher angeschleppt hatte.

Franziska schließlich, die von ihrem Cornelius ganz sicher keine Fesselspiele zu erwarten hatte, schien von diesem muskelbepackten Idioten auf eine Weise beeindruckt zu sein, die es zu ergründen galt. Cornelius hatte den Wehrdienst verweigert, und er tat keiner Fliege was zuleide. Nicht, daß er es nicht gekonnt hätte, überlegte Caroline, er war mindestens fünfzehn Zentimeter größer als Lucky und entschieden besser gebaut. Aber vermutlich beherrschte er keine Nahkampftricks, und sicher hatte er Franziska noch niemals den Arm umgedreht. Wie sollte er auch ahnen, daß sie auf so was stand?

Lucky erzählte gerade anschaulich, wie er einem messerbewehrten Riesen, der ihn völlig grundlos angegriffen hatte, die Nase brechen mußte.

»Hat es sehr geblutet?« erkundigte sich Matilda mit wohligem Schauder.

Caroline kämpfte mit einem leichten Brechreiz. Bevor Lucky die nächste Geschichte erzählen konnte, unterbrach sie ihn.

»Sag mal, ist Lucky eigentlich dein richtiger Name?«

»Wie bitte?« Lucky war einen Augenblick lang aus dem Konzept gebracht. Dann sog er lässig an seiner Camel ohne Filter und lachte. Nein, natürlich sei Lucky nicht sein richtiger Name, haha, so was könnte auch nur eine Frau fragen. Auf dem Paß hieße er Ludwig.

»Ludwig?« wiederholte Caroline dreimal hintereinander, denn der Name klang mindestens so erotisch wie Heinz, Willibald oder Franz-Josef. Aber auch das schien Franziska und Matilda nicht zur Besinnung zu bringen.

Sie wollten noch mehr Blut- und Gewaltstorys aus Luckys Leben hören.

»Erzähl doch noch mal, wie es war, als du damals in der S-Bahn von den zwei Typen belabert wurdest«, sagte Peggy mit bewunderndem Augenaufschlag. »Die mit den Springmessern.«

Aber ehe Lucky die beiden Typen mit der bloßen Faust erledigen konnte, mischte sich Leo ein. Offensichtlich ging ihm Luckys Angeberei auf den Senkel.

»Also, wir beide, der Lucky und ich, brechen morgen nach Corte auf«, erklärte er. »Hier ist im Augenblick kein Wind zu erwarten, und da wollen wir die lauen Tage nutzen, mal ein bißchen über die kurvigen Straßen zu düsen. Mein Ofen braucht mal was Auslauf.«

Schließlich bin ich auch ein toller Kerl, übersetzte Caroline seinen Einwurf in Gedanken. Manche Männer sind ja so eitel! Und manche Frauen finden das ganz toll. Peggy schmiegte sich denn auch sofort in Leos Arme und ließ sich von ihm kneifen.

»Autsch!« rief sie selig.

Caroline schickte ein Stoßgebet in den Himmel hinauf und dankte Gott für einen Mann wie Fabian. Schade nur, daß er am anderen Ende der Welt verweilte.

»Wir werden nach Bonifacio fahren«, sagte sie. »In ein oder zwei Tagen treffen wir uns dann wieder in Corte. Dort sind wir am vierten August mit Ollie und Benedikt verabredet.«

»Und was sind das für Pappnasen?« wollte Lucky wissen. Offensichtlich fürchtete er um seine männliche Vormachtstellung. Als er hörte, daß es sich bei Ollie und Benedikt um ein schwules Designerpärchen handelte, schwieg er vorübergehend.

»Meint ihr denn, ihr findet den Weg in die Berge ganz ohne uns?« fragte Leo und kniff Peggy in die Seite.

»Natürlich«, sagte Franziska, für einen Augenblick wieder ganz die alte. »Wir sind ja nicht doof.«

»Was zu beweisen wäre«, sagte Lucky.

Am nächsten Morgen wurde das Lager abgebrochen. Peggy nahm schweren Herzens Abschied von Leo. Matilda und Franziska nahmen schweren Herzens Abschied von Lucky. Und Caroline nahm schweren Herzens Abschied von Hermann.

»Der Arme, was wird er wohl ohne uns tun?« fragte sie besorgt.

»Er wird sich schon jemand anders suchen, der ihn füttert«, meinten die anderen, aber Hermann legte sich auf seinen alten Platz auf der leergeräumten Lagerstelle und machte traurige Hundeaugen.

»Leb wohl«, flüsterte ihm Caroline zu. Sie ließ ihm heimlich eine Schale mit Wasser da. Die Rodenkirchener Pfarrjugend würde den Verlust einer Suppenschüssel verkraften können. Es war schließlich für einen guten Zweck. »Du warst die netteste Reisebekanntschaft, die ich bisher machen durfte.«

Hermann schnaufte zustimmend. Angie, Franziska, Matilda und Peggy sahen derweil dem davonfahrenden Jeep wehmütig hinterher.

»Meine Güte«, murmelte Caroline. Fehlte nur noch, daß sie sich eine Träne aus den Augenwinkeln putzten, diese Gänse!

Was sie nicht wußte war, daß Matilda im Grunde ganz froh über die vorübergehende Trennung war. Eine gemeine Mücke hatte sie in der vergangenen Nacht in ein Augenlid gestochen, es war immens angeschwollen und verlieh ihr ein tückisches, asymmetrisches Aussehen. So würde sie Lucky niemals becircen können! Er war sowieso unglaublich schwerfällig, dabei hatte sie schon ziemlich viele Register gezogen. Vielleicht war der

Uschi-Otze-Witz gleich zu Anfang ihrer Bekanntschaft schuld an Luckys Zurückhaltung. Und jetzt auch noch die Mücke! Matilda befühlte vorsichtig ihr Auge. Ein paar Tage würden ausreichen, um wieder normal auszusehen und sich eine neue Strategie zu überlegen, mit der sie Lucky um den kleinen Finger wickeln konnte.

»Laßt uns fahren«, sagte Peggy, als der Geländewagen außer Sicht war.

Bonifacio war eine alte Festungsstadt, auf mehr als sechzig Meter hohen Kreidefelsen über dem Meer gelegen. Die Mädchen verschossen jedes mindestens einen Film von der phantastischen Aussicht und einen zweiten in den engen, malerischen Gassen der Oberstadt. Außer Angie, die mehrmals äußerte, daß sie dringend mal müsse, genossen alle diesen Ausflug. Am Nachmittag ließen sie sich müde und mit wunden Füßen in einem Straßencafé nieder. Hier konnte Angie wieder mal aufs Klo gehen – in Begleitung ihrer Schwester –, und Matilda kühlte ihr geschwollenes Auge mit Eiswürfeln. Sie sah immer noch ziemlich derangiert aus.

Die Getränke und der Klogang belebten ihre Geister. Sogar Angie sah weniger mürrisch aus, als sie vom Klo zurückkam. Caroline stellte einmal mehr fest, daß der Hexenzauber, den Lucky und Leo über sie geworfen hatten, nicht über eine größere Distanz zu wirken schien.

»Könnt ihr mir mal verraten, was ihr an diesem Lucky findet?« wollte sie gerade fragen, als die Idylle empfindlich gestört wurde.

»Ja, isch es denn wahr?« schrie jemand hinter ihnen, und eine zweite Stimme rief laut und fröhlich: »Hallöle!«

»O nein!« stöhnte Franziska. »Bitte nicht! Womit haben wir das verdient?«

»Habt's ihr ein Glück«, rief Pädder, denn er war's, sommersprossiger und verbrannter denn je, und Harald war natürlich auch dabei. »Um ein Haar hätte mer uns verpaßt! Mer ware schon uff dem Weg zum Auto!«

»Komische Vorstellung von Glück«, murmelte Peggy, und da hatten sich die beiden auch schon zwei Stühle herangezogen und sich mit an den kleinen Bistrotisch gequetscht.

Harald legte Franziska vertrauensvoll die Hand aufs Knie. »Na, Gisela? Alles frisch oder was?«

»Gundula«, verbesserte Franziska mechanisch.

Pädder bedauerte wortreich, daß sie einander aus den Augen verloren hätten.

»Ihr werdet nie erraten, was uns passiert ist«, sagte er. »Irgendwelche Rowdies haben in Aleria unser Autochen mit Wasser übergossen und so'n fettiges Zeug ans Lenkrad geschmiert.«

»Ja, wer tut denn so was Schreckliches?« fragte Matilda mitleidig.

»Wissen wir auch nicht«, sagte Pädder. »Aber wenn wir die Kerle erwischen, dann gibt's ordentlich eins auf die Mütze. Die haben auch die Nachricht mitgehen lassen, die ihr uns vermutlich hinter die Scheibe gesteckt hattet, und daher wußten wir nicht, wo ihr hingefahren seid.«

Er legte einen Arm um Angies Schultern. »Aber jetzt haben wir euch ja wieder gefunden. Wo wollt ihr denn heute nacht campen? Wir haben einen ganz tollen Platz ausfindig gemacht. Nur vier Kilometer vor der Stadt und viel billiger als die Campingplätze hier. Und leerer. Wir führen euch hin.«

Die Mädchen seufzten einhellig.

Der Campingplatz war nach der Woche auf der Bauernwiese beinahe schon luxuriös. Die Mädchen besichtigten voller Freude die sanitären Anlagen.

»Duschen«, sagte Caroline mit leuchtenden Augen. »Sogar warmes Wasser!«

»Wir werden uns die Haare waschen können«, setzte Matilda hinzu und fuhr sich durch ihre vom Salzwasser ganz borstigen Locken.

Pädder und Harald schlugen ihr Lager direkt neben dem ihren auf. Sie wunderten sich, daß die Mädchen kein Zelt aus dem Kofferraum holten, aber Peggy erklärte ihnen, daß voraussichtlich kein Regen zu erwarten sei.

»Regen vielleischt nischt«, sagte Harald. »Aber sischerer ist es allemal in einem Zelt.«

Sie selber bauten ein praktisches Igluzelt auf. Sie waren ganz offensichtlich gut trainiert, sie hatten das Ding in exakt der Zeit errichtet, die Caroline benötigte, um ihre Zehnkammerluxusluftmatratze aufzupumpen.

»Daß es dir aber auch nicht zu blöd wird«, sagte Matilda kichernd. Sie und die anderen Mädchen hatten ihre Isomatten in Sekundenschnelle ausgerollt. Dann gingen sie alle zusammen ausgiebig duschen. Blitzsauber und mit gewaschenen Haaren luden sie Harald und Peter ein, mit ihnen zu essen, als Dankeschön für diesen Camping-Tip.

Harald und Peter waren begeistert. Sie brachten jeder zwölf Bierdosen mit und schaufelten das Essen

– heute gab es Tortellini mit Käsesoße – dankbar in sich hinein. Als sie satt waren, gingen sie dazu über, die Mädchen zu beflirten.

»Begrabschen wäre treffender«, sagte Matilda später.

»Du bist so was von hübsch«, sagte Harald und versuchte, eine Hand auf ihre Brust zu legen. »Vor allem hier!«

»Und du hast gleich so was von blauen Flecken«, erwiderte Matilda, schob seine Hand zur Seite und zeigte auf sein Auge. »Vor allem hier!«

»Mensch, Gundula«, sagte Pädder zu Franziska. »Hat dir schon mal jemand gesagt, daß du aussiehst wie Cindy Crawford?«

Franziska kniff ihm in die Hand, die wie eine feuchte Schnecke an ihrem Bein hochkroch.

»Flossen weg!« fauchte sie.

Aber Pädder lachte nur. Erst als Franziska den Nahkampfgriff anwandte, den Lucky ihnen gezeigt hatte, rutschte er hinüber zu Caroline.

»Hat dir schon mal jemand gesagt, daß du aussiehst wie Julia Roberts?«

Caroline beschloß genervt, die sanitären Anlagen aufzusuchen. Es war ein ungewohnter Luxus, kein Loch schaufeln zu müssen. Sie ließ sich viel Zeit, aber als sie zurückkam, waren Harald und Pädder immer noch da.

Caroline zählte die leeren Bierdosen neben der Plane.

»Ich verstehe das nicht«, flüsterte sie Matilda zu. »Sie müßten längst bewußtlos auf der Matte liegen.«

»Das stimmt«, meinte Matilda. »Aber die vertragen offenbar viel. Vielleicht weil es immer noch so heiß ist und der ganze Alkohol verdunstet. Wir sollten ihnen eine härtere Dosis verabreichen.«

»Gute Idee«, flüsterte Caroline und verfolgte mitleidig, wie Franziska Pädder den sommersprossigen Arm ein zweites Mal verdrehte. Diesmal noch fester. Lucky hatte wirklich das Zeug zum Selbstverteidigungstrainer.

Der Schmerz schien Pädder neu zu beleben. Er erzählte unaufgefordert, daß er keine Kondome vertragen könne.

Caroline fand, daß es höchste Zeit war, etwas zu unternehmen. »Wir haben noch die Flasche Rum von zu Hause.«

»Die wollten wir uns für besondere Gelegenheiten aufheben, und außerdem haben wir weder Cola noch Orangensaft da«, gab Matilda zu bedenken.

»Dies ist eine besondere Gelegenheit«, sagte Caroline entschlossen. »Eine besonders gute Gelegenheit, den Pfirsichnektar loszuwerden, den Angie nicht mehr mag!«

Sie stand auf. »Hört mal, Jungs«, sagte sie. »Wie wär's mit ein paar Drinks?«

Pädder unterbrach sofort den Vortrag über seine Latexallergie, und Harald, der unermüdlich versucht hatte, seinen Kopf auf Peggys Schoß zu legen, ließ sich bereitwillig zur Seite schubsen.

»Was denn für Drinks?« fragte er.

»Etwas ganz Besonderes«, sagte Caroline und stellte sich so hin, daß sie mit ihrem Rücken den Blick auf die Kühlbox verwehrte. In zwei große Blechtassen mischte sie Rum und Pfirsichsaft, ungefähr halbe halbe. »Das ist ein karibisches Nationalgetränk. Es heißt – ähm – es heißt ...«

Pädder nahm ihr einen Blechnapf aus der Hand und nahm einen großen Schluck.

»Pina Colada!« schrie er mit verzückt verdrehten Augen.

»Wie bitte?« rief Matilda verblüfft aus.

Caroline seufzte erleichtert. Das Bier hatte wenigstens schon die Geschmacksnerven abgetötet. Eine Pina Colada mit diesem Gebräu zu vergleichen! Neugierig nippte sie an der zweiten Tasse. Nein, das schmeckte allenfalls wie eine Mischung aus Mundspülung und Vitaminsirup. Schaudernd reichte sie die Tasse weiter an Harald, der das Zeug gierig in sich hineinschlabberte.

»Lecker«, sagte er. »Ist noch mehr davon da?«

»Klar«, meinte Caroline. Das Mischverhältnis des zweiten Drinks fiel eindeutig zugunsten des Rums aus, aber Pädder und Harald verzogen keine Miene, als sie es runterspülten. Ihre Bewegungen allerdings wurden merklich unkoordinierter und langsamer. Auch seinen Vortrag über Latex-Allergien im allgemeinen und besonderen führte Pädder nur noch leise lallend fort. Beiseiteschieben reichte jetzt, um ihre Pfoten fernzuhalten.

»Schade um den guten Rum«, sagte Franziska nach der dritten Tasse, genau eine Minute bevor Pädder wortlos nach hintenüber kippte.

Harald kicherte zufrieden.

»Isch ver-ver-vertrag einfach mehr«, sagte er noch, bevor er sich neben seinen Freund legte.

5. 𝔗

Restonica-Tal,
5. August

Lieber Fabian,

hast Du schon mal ein Zelt zugenäht? Es ist gar nicht so einfach, kann ich Dir sagen! Aber es war notwendig, um Harald und Pädder loszuwerden. Ja, die beiden haben uns wieder aufgespürt, und heute nacht hatten wir alle Hände voll zu tun, um ihre Hände von uns abzuhalten. Es war, als hätten sie nicht jeder zwei Griffel, sondern mindestens acht. Und alle sechzehn Schmutzpfoten griffen nach den unmöglichsten Körperstellen. Wir mußten unsere kostbare Flasche Rum opfern, um sie außer Gefecht zu setzen, denn das Bier der beiden wirkte nicht schnell genug. Der Rum, gemischt mit Angies wertvollem Pfirsichsaft – schmeckte scheußlich, sag ich Dir – tat auch erst spät seine Wirkung, aber dann ließen sich die Grabscher willig in ihr Zelt schleifen und merkten nicht mal, daß wir sie dort allein ließen. Froh leerten wir den übriggebliebenen Rum – pur – und feierten unseren Sieg. Bis uns einfiel, daß sie ja irgendwann wieder nüchtern werden würden!

Am Schluß blieb uns nichts anderes übrig, als das Zelt zuzunähen. Ich bin stolz, sagen zu können, daß es meine Idee war. Mit Zwirn, das hält bombenfest. Wenn die beiden kein Taschenmesser haben, werden sie vermutlich jetzt noch da drin hocken. Und selbst wenn sie rauskommen, können sie die Verfolgung nicht unmittelbar aufnehmen, da wir ihren Autoschlüssel vergraben haben. Strafe muß sein!

Trotz dieser Vorsichtsmaßnahmen sind wir auf direktem Wege nach Corte gefahren, ohne die Schlenker, die uns der Reiseführer empfohlen hatte. Es war eine besonders schöne Fahrt, auch wenn wir unterwegs auf die Waldbrandschäden gestoßen sind, die der Reiseführer immer beklagt. Es ist wirklich dramatisch anzusehen, diese verdorrten schwarzen Baumruinen. Außerdem trafen wir auf mehrere wilde Esel und eine Kuh, die uns den Weg versperrte. Sie war erschreckend mager, aber Peggy meint, es sei eine glückliche Kuh, da könne ich ganz sicher sein. Ich war schon so traurig, weil wir Hermann, den Hund, von dem ich geschrieben habe, verlassen mußten, da sollte ich mir wohl wegen einer Kuh nicht noch mehr Sorgen machen. Die Straßen sind zwar streckenweise eng und kurvig, aber nur halb so schlimm, wie es im Reiseführer steht.

Corte ist eine tolle Stadt, wieder ganz anders als alle, die wir schon gesehen haben, nicht so lieblich, mehr verwegen und wild, man glaubt sofort, daß sich hier eine Menge spannender Kämpfe abgespielt haben.

Besonders beeindruckt hat mich die Geschichte der schönen Faustine, der Frau des Freiheitskämpfers Gaffori, der die Stadt von den Genuesen zurückerobert hat. Faustine stellte sich mit brennender Lunte vor die Korsen, die schon zur Kapitulation bereit waren.

»Entweder ihr kämpft weiter, oder ich sprenge alles in die Luft«, soll sie gerufen haben. Und da blieb den Kerlen nichts anderes übrig, als weiterzukämpfen und zu gewinnen.

Wie gesagt, eine wilde, aber schöne Stadt, und voll hübscher korsischer Studenten, denn es gibt sogar eine Universität.

Leider sind wir hier auch wieder mit Leo und Lucky zusammengestoßen. Ich persönlich halte sie für mindestens so schlimm wie Harald und Pädder, aber da bin ich wohl die einzige. Die anderen finden die beiden ganz toll, vor allem den Lucky.

Jetzt, wo ich Leo etwas näher kennengelernt habe, muß ich Dir leider sagen, er ist nicht annähernd so nett wie er aussieht. Peggy behandelt er jedenfalls wie ein Dienstmädchen. Er kneift sie sogar – und Schlimmeres. Ehrlich, wenn ich es nicht mit eigenen Augen gesehen hätte, würde ich es nicht glauben.

Gestern, in einem Straßencafé auf einer herrlich romantischen Piazza, ließ er Peggy einen ganzen Film mit Porträts von ihm verschießen, denn er hält sich und sein Motorrad für das einzig porträtierenswerte Objekt weit und breit. Das sechsunddreißigste Bild wollte er dann doch gnädigerweise von Peggy machen. (Es waren *ihr* Fotoapparat und *ihr* Film, das nur am Rande.) Er begutachtete sie eine Viertelstunde durch die Linse. Sie lächelte lieblich, sie schaute ernst, sie lachte, sie schaute zur Seite, aber alles war ihm nicht gut genug.

»Du guckst so unnatürlich«, behauptete er, und Peggy runzelte ganz natürlich die Stirn. Aber für Leo nicht natürlich genug.

Du wirst niemals glauben, was er dann tat, obwohl es wahr ist, ich schwör's bei meinem Leben: Er trat ihr mit voller Wucht unterm Tisch vors Schienbein, und als sie entsprechend schmerzverzerrt dreinschaute, drückte er auf den Auslöser.

»Das war natürlich«, sagte er zufrieden. Er meinte es nicht mal witzig. Und Peggy, die Blöde, rieb lediglich über den Huckel an ihrem Schienbein und lächelte ihn liebevoll an.

Oh, wie kann man sich nur so in einem Menschen verschätzen! Weißt Du noch, wie ich immer von Peggy geschwärmt habe, weil sie so cool ist und so mutig und sich überhaupt nichts gefallen läßt? Ich kam mir immer verklemmt und schüchtern gegen sie vor, richtig unemanzipiert. Ich schätze, es müssen die Hormone sein, die solch schreckliche Verwandlungen verursachen. Jedenfalls scheine ich die einzige zu sein, die dagegen immun ist.

Die Hormone mache ich auch verantwortlich für alles, was sich hier sonst noch abspielt. Lies, welche Verwicklungen hier im Gange sind und welche Komplikationen daraus resultieren.

Peggys und Leos Sadomaso-Beziehung könnte ganz harmonisch verlaufen, wären da nicht drei Dinge, die ich beobachtet habe. Erstens: Noch lieber als von Leo würde sich Peggy von Lucky quälen lassen. Er ist der personifizierte Macho, allerdings ein Macho für Arme. Geschätzter IQ: etwas über dem von Knäckebrot, knapp unter dem eines Schimpansen. Mit seinen gesammelten frauenfeindlichen Sprüchen könnte man ein ganzes Buch füllen. Erst gestern hat er gesagt, Frauen seien außer zum Bumsen – verzeih, das ist seine Vokabel, nicht meine – nur für Hausarbeit tauglich. Diese und weit schlimmere Dinge darf er hier ungestraft von sich geben, außer mir tun alle so, als hätten sie's nicht gehört.

Und dabei ist er nicht mal schön! Auch nicht halbwegs gutaussehend, beim besten Willen nicht. Und er ist uralt, fast einunddreißig. Naja, aber wie gesagt, Peggy steht auf ihn. Jedes Lob von seiner Seite bringt ihre Augen zum Strahlen, und er lobt sie oft, denn sie ist die perfekte Hausfrau, oder in unserem Falle besser gesagt: Lagerfrau. Sie kocht und spült immer, und die Jungs machen keinen Finger krumm. Dabei wären sie eigentlich auch mal an der Reihe, finde ich. Aber wir Mädchen machen die ganze Arbeit, weil wir natürlich keine Kameradenschweine sein und Peggy alles allein tun lassen wollen. Wenn sie aufspringt, um zu spülen, appelliert sie damit automatisch an unsere Wohlerzogenheit.

Angie spült natürlich nicht, da ihre Nagelbettentzündung immer noch nicht ausgeheilt ist. Daß sie sich nicht an den Frauenarbeiten beteiligt, rechnet ihr Lucky aber nicht negativ an, da er sie noch nicht zu der Gattung Frau zählt. Sie ist ein Kind für ihn, das er liebevoll »Kleine« nennt. Angie geht in dieser Rolle voll auf. Abends tut sie immer so, als würde sie vor Müdigkeit die Augen kaum offenhalten können, und dann lehnt sie sich, ganz vertrauensvolles Kind, an Leos Schulter und mimt die Schlafende. Es fehlt nur noch, daß sie ihren Daumen in den Mund steckt.

Und damit wären wir auch schon bei zweitens. Die kleine Nervensäge schwärmt nämlich heimlich für Leo, das habe ich genauestens beobachtet und an hundert

Kleinigkeiten manifestiert. Zwecklos, mit Peggy darüber zu reden, sie würde es nicht bemerken wollen. Sie himmelt ihre Schwester an. Aber ich weiß es besser: Angie lauert nur auf eine gute Gelegenheit, ihrer großen Schwester den Mann auszuspannen.

Ja, und für drittens solltest Du Dich besser hinsetzen: Leo, der alte Kneifer, ist auch nicht gerade eine treue Seele. Gestern abend, im Schutz der Dunkelheit, hat er seine Hand auf meinen Hintern gelegt, einfach so. Die Welt ist ja so schlecht. Leo sieht ja im Gegensatz zu Lucky wirklich gut aus, das muß ich fairerweise sagen. Und er hat mir nette Sachen zugeflüstert, die mir nach Luckys Beleidigungen runtergingen wie Öl. Wie hübsch ich sei und wie unheimlich anziehend mein Lachen wirke. Bei so schmeichelhaften Worten störte mich die Hand auf meinem Hintern zunächst kaum. Erst als er sagte, was die Männer in Filmen immer sagen, wenn sie den klassischen Seitensprung vollziehen wollen, nämlich sinngemäß: »Meine Frau versteht mich nicht«, kam ich zur Besinnung. Kann man das glauben? Unter den Augen seiner Freundin eine andere anzumachen! Und dann auch noch so plump! Ich schiebe es auf die Hormone. Irgendwie spielen die in diesem Klima bei allen verrückt.

Auch Matilda und Franziska hat es erwischt. Bei Matilda ist das ja nichts Neues, ich bin ihretwegen auch nur ein kleines bißchen beunruhigt. Matilda macht Lucky ungeniert an, jeden Tag wird ihre Kleidung luftiger. Auf die übliche, freche Tour kann sie aber bei ihm nicht landen, sie muß eins auf bewunderndes Weibchen machen, und das hat sie in der Zwischenzeit schon ganz gut raus. Sogar rauchen tut sie jetzt, sie ist ganz stolz darauf, daß Lucky ihr das Drehen von Zigaretten beigebracht hat. Wie gesagt, das beunruhigt mich nur vage, denn falls Lucky Matilda erhören sollte, wird sie ihn umgehend langweilig finden – wie üblich. Dann wird sie sich auch ganz schnell das Rauchen abgewöhnen.

Nein, mehr Sorgen mache ich mir um Franziska. Denn sie findet diesen Lucky-Macki auch ganz toll.

Du weißt ja, daß ich ihren Cornelius nach Dir für den nettesten Mann der Welt halte, und Franziska daher für die zweitglücklichste Frau des Universums. Cornelius ist alles, was Lucky nicht ist. Er ist gutaussehend, intelligent, witzig und in jeder Beziehung souverän. Und er hat einen Job, macht Karriere und vertritt ausschließlich vernünftige Ansichten. Es ist mir unerklärlich, wieso Franziska mit diesem Mann im Rücken überhaupt noch Augen für andere Männer hat, ganz zu schweigen von einem Antitypen wie Lucky.

Aber es ist so. Sie findet ihn unheimlich sexy, es ist beim besten Willen nicht zu übersehen. Vorgestern, in Bonifacio, habe ich sie endlich mal darauf angesprochen. Es hat mich schon tagelang gequält. Sie ist rot geworden wie eine Tomate und hat dann gesagt, sie könne es sich selber nicht erklären.

Ja, er habe einen Schnäuzer, und, ja, sie fände Schnäuzer ekelhaft, er habe dumme Machosprüche drauf, ja, ja, und sie fände Machosprüche ekelhaft, und auf Berufssoldaten stünde sie wahrlich auch nicht. Aber – und dann verstummte sie.

Als ich sie bedrängte, mußte sie zugeben, daß auch Körpergröße und Tennissocken sie nicht anmachten.

(Lucky zieht sie immer bis unter die Kniescheibe hoch, ich kann Dir gar nicht sagen, wie bescheuert das aussieht.)

Trotzdem, sagte sie zum Schluß, er hat einfach das gewisse Etwas. Und mit feuerrotem Kopf und beinahe flüsternd gestand sie mir, daß sie davon träume, von ihm gerettet zu werden.

»Wie meinst du das?« fragte ich begriffsstutzig.

»Du weißt schon. Ich falle in einen reißenden Fluß, und er springt hinterher und zieht mich an Land. Nach der Mund-zu-Mund-Beatmung zerrt er mich auf die Füße ...«

»?????« fragte ich ohne Worte. Die Welt wird mit jedem Tag rätselhafter.

»Oder er rettet mich aus den Armen eines aufdringlichen Typen. Denk nicht mal daran, sie anzurühren, sagt er, und dann bricht er dem anderen die Nase«, fuhr Franziska fort.

»Bis jetzt konntest du dich immer selber retten«, sagte ich empört. Man denke doch nur daran, wie sie mit dem armen Pädder umgesprungen war.

»Es ist ja nur meine Phantasie«, seufzte Franziska.

»Eben«, gab ich zurück. »Wenn überhaupt, solltest du dich in deiner Phantasie von Cornelius retten lassen.«

Als die Rede auf Cornelius kam, schwieg Franziska. Sie weiß sehr wohl, was sie an ihm hat, aber sie kann niemals aufhören, ihre Beziehung auf die Probe zu stellen. Immer wenn es gerade mal harmonisch zugeht, macht sie irgendwas Dummes. Ich fürchte, die Zeit ist wieder mal gekommen. Sie hat Cornelius bereits mehrere Postkarten geschrieben und in jeder eine kleine Anspielung auf aufregende Männerbekanntschaften versteckt.

Cornelius soll wohl vor Eifersucht kochen, damit wieder etwas Pep in die Partnerschaft kommt. Dagegen ist ja auch nichts einzuwenden, aber ich fürchte, sie möchte ihm mit Lucky einen wirklichen Grund zur Eifersucht bieten. Ich werde aufpassen müssen, wenn wir einen reißenden Fluß kreuzen. Sonst wirft sie sich am Ende hinein, nur um mit Lucky Mund-zu-Mund-Beatmung auszuprobieren. Dabei traue ich dem nicht mal ordentliche Schwimmkenntnisse zu (surfen tut er jedenfalls wie eine bleierne Ente – ehrlich), geschweige denn Erste Hilfe. Am Ende wäre ich diejenige, die sie retten müßte! Hier im Restonica-Tal muß ich nichts befürchten, die Restonica ist zwar ein Fluß, aber ein ausgesprochen lieblicher. Immer wieder sammelt sich ihr klares Wasser in tiefen Gumpen, die zum Baden einladen. Das Wasser ist wunderbar auf der Haut nach den Meerwasserstrapazen, man möchte diese Felsbadewannen gar nicht mehr verlassen.

Ich lerne hier sehr viel über Psychologie, mehr als an der Uni. Ich habe schon in Erwägung gezogen, in einer Paarberatungsstelle zu arbeiten. Nach diesem Urlaub bin ich auf alle Eventualitäten vorbereitet.

Ach, bei aller professionellen Distanz, ich verrate Dir ein Geheimnis: Ich wünschte, jemand käme her und würde diesem Lucky eins aufs Maul hauen. Würdest Du's tun, wenn Du könntest? Er ist nämlich echt gemein zu mir, dieser Schlabberarsch. Wenn ich Dir sage, wie er mich direkt am ersten gemeinsamen Strandtag beleidigt hat, wäre es sogar Deine Pflicht, ihn zusammenzuschlagen. Ich bin sonst nicht für Gewalt, aber ich würde mich mordsmäßig freuen, wenn er mal eins aufs Maul bekäme. Ich verrate Dir einige der Nahkampfgriffe, die er uns beigebracht hat, dann dürftest Du kein Problem haben mit dem Zwerg. Er ist nicht nur in die Jahre gekommen, sondern auch durch den Genuß von filterlosen Zigaretten geschwächt. Jetzt noch die entsprechende Motivation:

Wir saßen am Strand, ich wie immer mit T-Shirt unterm Sonnenschirm, die anderen grillten in der Sonne vor sich hin. (Angie und Peggy können inzwischen die Haut auf ihren Schultern abziehen wie alten Lack – es sieht ziemlich ekelhaft aus.) Lucky und Leo kommentierten die vorbeigehenden Frauengestalten. Hier eine kurze Zusammenfassung – im Original dauerte der Dialog volle vier Stunden.

»Mein Gott, guck dir den Brigitte-Nielsen-Verschnitt mal an. Die hat ja Gleichgewichtsprobleme bei dem Vorbau.«

»Und der kannst du zwischen den Beinen durchgucken, das ist auch nicht mehr schön!«

»Guck mal, die da. Der sollte mal jemand sagen, daß ihr Anblick im Bikini eine Zumutung ist.«

»Die da vorne hat auch schon mindestens drei Kinder geboren, ekelhaft der Bauch.«

Und so weiter und so fort. Alle außer mir schienen zu schlafen beziehungsweise durch die Sonneneinstrahlung taub geworden zu sein. Ich allein mußte für die Ehre unseres Geschlechts eintreten. Ich suchte noch nach einer passenden Beleidigung, irgendwas über Luckys dürre Beine, seinen schlaffen Hintern und seinen unverhältnismäßig umfangreichen Brustkorb – er hat einen schlechten Berater im Fitneßstudio, er wird erst ab

Bauchnabel aufwärts muskulös – als er sich zu mir umdrehte.

»Hey, Dings«, sagte er. Er kennt meinen Namen nicht, weil er es üblicherweise vermeidet, mit mir zu sprechen. »Wenn es dich tröstet, auch die schönste Frau kriegt mal Hängetitten und 'ne faltige Kiste.«

Wieso sollte mich das trösten, kannst Du mir das mal sagen? Dem gehört doch echt eins aufs Maul gehauen, oder etwa nicht! Ich werde ihn nach seiner Adresse fragen, dann kannst Du nach dem Urlaub mal vorbeifahren und Satisfaktion verlangen.

Soviel also zu den hormonellen Verwicklungen. Jetzt muß ich langsam Schluß machen, wir fahren nach Corte. Dort treffen wir uns vor dem Restaurant »Chez Julien« mit Ollie und Benedikt. Wenn sie auf dem großen Wanderweg in den Bergen nicht verlorengegangen sind, dann müßten sie pünktlich um halb acht dort auftauchen. Ich kann Dir gar nicht sagen, wie sehr ich mich auf die beiden freue!

Viele Küsse, Deine Caroline.

6.

Auf einem Campingplatz in der Nähe von Piana
6. August

Franziska träumte von einem engen, bewaldeten Tal und einem Fluß, der das Tal durchströmte. Klares Wasser, das sich hin und wieder in tiefen Felsbecken staute, die zum Baden einluden. Wie ein Vogel sprang sie von der Klippe und tauchte tief ins Wasser ein. Als sie wieder an die Oberfläche kam, war aus dem Fluß ein reißendes Gewässer geworden. Nur mit Mühe konnte sie gegen die Strömung anschwimmen. Oben auf der Klippe standen ihre Freunde, Caroline und Matilda, Peggy, Angie, Leo und – Lucky. Bei seinem Anblick verließen Franziska die Kräfte. Sie ließ sich vom wirbelnden Wasser mitreißen, aber tief im Innern wußte sie, es war nicht gefährlich. Beinahe entspannt hörte sie, was auf der Klippe gesprochen wurde.

»Franziska wird ertrinken«, sagte Caroline angstvoll. »Wir müssen sie retten.«

Aber keiner schien ihr zuzuhören. Leo ließ Peggy Bilder von ihm und dem Motorrad schießen, mit der Abendsonne im Hintergrund, und nach jedem Foto trat er ihr vors Schienbein.

Angie hatte ihre Kopfhörer auf und zuckte rhythmisch mit den Hüften. Lucky und Matilda verdrehten einander die Arme, immer abwechselnd. Nur Caroline schien sich Sorgen um sie zu machen.

»Hört ihr denn nicht?« schrie sie verzweifelt. »Franziska wird ertrinken. Du mußt sie retten, Lucky!«

Das Wasser um Franziska hatte jetzt eine trübe Farbe angenommen. Es schien auch zähflüssiger zu sein.

Lucky schaute zu ihr herab.

»Sie ist doch nur eine Frau«, sagte er.

»Chauvinistenschwein! Wenn du sie nicht rettest, dann muß ich es eben tun«, schrie Caroline im Traum.

Unter diesen Umständen wollte sich Franziska dann doch lieber selber retten. Sie versuchte, Caroline ein Zeichen zu geben, aber sie konnte ihre Arme nicht mehr bewegen. Und auch ihre Stimme versagte. Hilfslos mußte sie mit ansehen, wie Caroline ihre Schuhe auszog und von der Klippe ins Wasser sprang.

»Ich helfe dir«, japste sie und pflügte mühsam durch das trübe Wasser.

Oben auf der Klippe trat Leo vor Peggys Schienbein, als wäre überhaupt nichts geschehen.

»Ich habe Hunger«, sagte Lucky, und Angie nahm die Kopfhörer ab und quengelte: »Ich muß mal.«

»Wir werden gemeinsam ertrinken«, sagte Franziska zu Caroline, als sie nahe genug war.

»Ja«, stimmte Caroline zu. »Wenn du nur einsiehst, daß dieser Lucky ein Schwachkopf ist.«

Die letzten beiden Worte kamen gurgelnd heraus, von Caroline war jetzt nur noch das rote Haar zu sehen.

»Caroline, bitte«, sagte Franziska verzweifelt. Es war schrecklich, sie selber konnte plötzlich wieder schwimmen. Aber Caroline war in den Strudeln untergegangen.

Mit laut pochendem Herzen schlug Franziska die Augen auf. Was für ein entsetzlicher Traum! Rasch drehte sie den Kopf zur Seite, wo Caroline in tiefem Schlaf lag, auf ihrer Superluxusluftmatratze. Aber was Franziska sah, war ein großes gelbes Auge, das ihr ins Gesicht glotzte.

»Iiiiiiiiiiih«, schrie sie gellend und setzte sie auf. Das Etwas auf ihrem Kopfkissen hüpfte erschrocken zur Seite. Es war eine dicke, hellbraune Kröte, das konnte Franziska jetzt im fahlen Morgenlicht deutlich erkennen. Das Vieh hatte wohl auf ihrem Kopfkissen ein Nickerchen gemacht, jedenfalls sah es Franziska ganz vorwurfsvoll an. Franziska streckte ihm die Zunge heraus.

Merkwürdigerweise hatte ihr Gebrüll niemanden geweckt, nur Caroline setzte sich fröstelnd auf. »Was ist passiert?«

Franziska zeigte auf die Kröte, die gemächlich dem Gebüschrand zuhüpfte. »Die saß auf meinem Kopfkissen.«

»Du hättest sie küssen sollen«, meinte Caroline. »Puh, es ist erst halb fünf. Meinst du nicht, wir sollten noch eine Stunde schlafen?«

»Nein«, flüsterte Franziska. »Ich hatte einen gräßlichen Alptraum. Du bist ertrunken.«

»Oh«, sagte Caroline.

»Weil du mich retten wolltest.«

»Und was hat Lucky getan?«

»Er hat Matilda den Arm umgedreht.«

»Ich habe es geahnt«, sagte Caroline grinsend. »Am Ende werde ich es sein, die darunter leidet, daß du diesen Typ toll findest.«

»Tue ich ja gar nicht«, flüsterte Franziska.

»Tust du wohl!« Caroline schälte sich aus ihrem Schlafsack. »Wenn ich einmal wach bin, muß ich leider immer sofort aufs Klo! Kommst du mit? Dort können wir uns ungestört unterhalten.«

»Ich finde ihn nicht toll«, sagte Franziska auf dem Weg zu den sanitären Anlagen. Hier in Piana logierten sie ganz offiziell auf einem öffentlichen Campingplatz. Das war zwar ein Risiko, da sie ohne weiteres von Harald und Pädder aufgespürt werden konnten, aber jetzt waren sie ja mit ausreichend männlicher Begleitung versehen. Nasenbrecher-Lucky, Motorrad-Leo sowie Ollie und Benedikt, das mußte reichen, um den abgebrühtesten Pädder abzuschrecken.

»Ich finde ihn nur erotisch«, fuhrt Franziska fort. »Das ist etwas anderes.«

»Ja, aber noch schlimmer«, sagte Caroline.

Franziska nickte. »Bis jetzt konnte ich es nicht unterscheiden«, erklärte sie. »Ich fand ihn erotisch, und daher hielt ich ihn für sympathisch, verstehst du?«

»Nein«, sagte Caroline bestimmt.

»Seit gestern bin ich mir auch nicht mehr so sicher«, meinte Franziska.

»Wegen der Schwulenwitze, die er permanent von sich läßt?« Caroline öffnete die Tür zu den Toiletten. »Ja, das ist widerlich, aber mich wundert es nicht! Solche wie er diskriminieren nicht nur Frauen und Schwule, sondern auch Ausländer und Grüne und Psychologiestudenten und Tierschützer und ...«

»Er ist wirklich ekelhaft zu Ollie und Benedikt«, sagte Franziska. »Dabei sind die sowieso frustriert, weil sie ihre Wandertour abbrechen mußten.«

Ollie und Benedikt waren wie geplant zu ihnen gestoßen, aber sie hatten nicht vor, ihre Wanderung wiederaufzunehmen. Sie hatten die Temperaturen unter- und ihre körperliche Verfassung überschätzt. Die Berge waren viel höher, als sie gedacht hatten, die einzelnen Etappen weitaus schwieriger. Jetzt, nach anderthalb Wochen, sehnten sie sich nur noch nach ein paar ruhigen Tagen am Strand. Bereitwillig waren sie mit den anderen an die Küste zurückgefahren. Alle hatten sie mit offenen Armen aufgenommen, das heißt alle außer Lucky.

»Mann, jetzt sind wir schon zwei gegen sieben«, hatte er mit unverschämtem Grinsen gesagt. »Die Tunten sind ja wohl eher Weiblein als Männlein.«

Ollie und Benedikt waren zwar schwul, aber alles andere als tuntenhaft. Und überhaupt, was ging das Lucky an?

»Gut, daß sie seine Bemerkung nicht mitgekriegt haben«, sagte Franziska jetzt schaudernd. »Ich lasse nicht zu, daß er die beiden vergrault. Noch ein Schwulenwitz, und ich zeige ihm mal ein paar Kniffe aus meinem Selbstverteidigungskursus für Frauen und Tunten!«

»Er war auch ekelhaft zu mir, aber das hat dich offenbar nicht gestört!« Caroline machte die Tür einer Toilettenzelle hinter sich zu, Franziska verschwand in der Nachbartoilette.

»Zu dir war er nur gemein, wenn ihr nicht einer Meinung wart!« sagte sie durch die Wand.

»Ja, genau.« Caroline schnaubte laut. »Ich bin eben nicht der Meinung, daß eine Frau außer zum Bumsen nur zur Hausarbeit taugt!«

»Caroline!«

»Das hat *er* gesagt, nicht ich! Ich könnte solche Wörter gar nicht in den Mund nehmen!«

»Eben hast du's getan.«

»Da siehst du mal, welch schlechten Einfluß er auf mich ausübt!« Caroline bestätigte die Klospülung und fing an zu kichern. »Komisch, ich bin immer noch versucht, das Loch zuzuschaufeln. Diese Wasserklosetts sind wirklich eine tolle Erfindung!«

»Hat er das wirklich gesagt?« fragte Franziska von nebenan. »Das mit der Hausarbeit?«

»Na klar! Meinst du, so was denke ich mir aus?«

»Und wo war ich, als er das gesagt hat?«

»Keine Ahnung. Da, wo du vermutlich auch warst, als er gesagt hat, ich sei eine frigide Ziege, und Wehrdienstverweigerer gehörten an die Wand gestellt. Irgendwo in einer Traumwelt, in der Lucky dich aus reißenden Flüssen errettet hat!«

»Oh weia!« seufzte Franziska.

»Ja, das kannst du laut sagen! Der und dich aus einem reißenden Fluß retten! Diese Bleiente!«

»Ich bin gar nicht mehr müde«, sagte Franziska, als sie sich – Luxus pur – nebeneinander die Hände wuschen.

»Ich auch nicht«, stimmte Caroline zu. »Ich bin so froh, daß du deine hormonelle Verwirrung überwunden zu haben scheinst. Laß uns an den Strand gehen, da sind wir jetzt ganz allein! Und ich kann dir lauter häßliche Sachen über Lucky erzählen. Noch vor dem Frühstück bist du dann wieder normal gepolt. Ist dir eigentlich mal aufgefallen, daß er noch keinmal gelächelt hat, seit wir ihn kennen?«

»Wo du's jetzt sagst ...« Franziska lachte. »Ich bin manchmal ein ziemliches Schaf. Meinst du wirklich, das sind die Hormone? Ach, ich vermisse Cornelius so sehr.«

»Na, endlich«, sagte Caroline zufrieden.

Ollie hatte Benedikts und seine Sachen gewaschen und hängte sie nun zum Trocknen auf. Dabei trug er wegen der Hitze nur noch Shorts und sonst gar nichts.

»Meinst du vielleicht, daß mich dein nackter Oberkörper anmacht?« fragte Lucky griesgrämig.

Ollie befestigte in aller Seelenruhe weiter die Wäsche. »Wenn ja, muß ich dich leider enttäuschen. Du bist nicht mein Typ.«

»Haha«, sagte Lucky. »Aber du meiner, oder was! Kennst du schon den Witz von den sieben schwulen Zwergen? Also, da geht ein Mann nachts durch den Wald ...«

»Jetzt nicht«, sagte Ollie so scharf, daß Caroline sofort aufstand und sich beschützend neben Ollie stellte. Peggy, Franziska und Benedikt waren zum Spülen in der Geschirrküche, Matilda und Leo mit dem Auto zum Einkaufen, und Angie saß auf ihrem Schlafsack und hörte Musik aus ihrem Walkman. Sie sah und hörte wieder mal nichts.

Auch Lucky erhob sich von seinem Campingstuhl.

»Ist was?« fragte er, ohne seine Zigarette aus dem Mund zu nehmen. Caroline erinnerte sich an seine Nasenbrecherstorys und konnte einen leichten Angstschauder nicht unterdrücken.

Ollie schien aber keine Angst vor ihm zu haben.

»Allerdings«, erwiderte er kalt. »Hör mal, deine sexuelle Verklemmtheit ist dein Problem, da wird dir hier keiner weiterhelfen können. Aber wenn ich noch einen blöden Spruch von dir höre, hast du ein Problem mit einer verklemmten Nase.«

»Ollie hat den schwarzen Gürtel in Karate«, ergänzte Caroline schnell und hoffte, daß es bei Karate auch wirklich einen schwarzen Gürtel gab. Aber diese Lüge wäre gar nicht nötig gewesen, Lucky hatte sich schon vorher wieder in seinen Stuhl plumpsen lassen.

»Meine Güte, keinen Humor, diese Typen«, murmelte er. »Nicht mal einen Witz kann man erzählen!«

Caroline warf Ollie einen erstaunten Blick zu. Er war zwar groß und gut gebaut, aber nicht gerade besonders furchteinflößend. Caroline fand sogar, daß er aussah wie die personifizierte Harmlosigkeit. Und diese entschiedenen Worte, um nicht zu sagen Drohungen, hätte sie eher dem frecheren Benedikt zugetraut. Wie dem auch sei, die Worte schienen Lucky beeindruckt zu haben. Schweigend drehte er sich eine Zigarette und schaute auf seine Füße. Später sagte Benedikt, das sei bei diesen Typen meistens so. Nur in der Gruppe fühlten sie sich stark. Er, Ollie, Caroline und seit neuestem auch – etwas zögernd – Franziska waren sich einig, was Lucky und seinen Charakter betraf. Aber als Caroline die Geschichte Matilda erzählte, seufzte die nur.

»Sexuelle Verklemmtheit«, wiederholte sie. »Ja, das ist gut möglich. Aber Ollie hat unrecht. Einen gibt es, der Lucky davon befreien kann, und der eine bin ich!«

»Um Himmels willen«, sagte Caroline. »Das kannst du nicht tun. Sicher hat er die Syphillis und AIDS und andere Dinge, die man bekommt, wenn man mit sechzig Frauen ins Bett geht. Und mindestens neunundfünfzig davon müssen Prostituierte gewesen sein. Keiner geht mit Lucky ins Bett, ohne dafür wenigstens Geld zu bekommen.«

»Caro, Caro«, sagte Matilda kopfschüttelnd. »Ich war so froh, daß du den Makel der Jungfräulichkeit endlich von dir hast nehmen lassen. Aber nun muß ich feststellen, daß dir das Echte, das Animalische im Sex immer noch nicht begegnet ist!«

»Wenn es mir in Gestalt von Lucky begegnet, möchte ich bitte davon verschont bleiben«, sagte Caroline. »Denk wenigstens an Kondome, wenn du es unbedingt tun mußt. Am Ende schwängert er dich noch, und ich muß täglich einem kleinen Luckyabbild die Windeln wechseln.«

In der Bucht herrschte totale Windstille, unmöglich zu surfen. Leo und Lucky wurden zunehmend schlechter gelaunt, weil sie zusehen mußten, wie ihre Surfbords von den Mädchen als Luftmatratzen mißbraucht wurden und selber nicht tätig sein konnten.

»Ich brauche Bewegung«, schimpfte Leo und kniff Peggy in die Seite.

»Autsch«, erwiderte Peggy. »Laß uns schwimmen gehen. Mir ist so schrecklich heiß.«

»Hab' ich keine Lust zu«, brummte Leo, und da blieb Peggy liegen und schwitzte.

Matilda kam aus dem Wasser und warf sich auf ein Handtuch zu Luckys Füßen.

»Könntest du mir den Rücken eincremen, bitte?« flötete sie.

Das konnte Lucky tatsächlich. Nicht besonders gut zwar, denn er ließ die empfindliche Zone unmittelbar am Rand des Bikinihöschens aus und rieb eine Menge Sand mit auf die Haut, aber darauf kam es Matilda nicht an.

Sie rekelte sich unter seinen Händen und seufzte wohlig.

»Das soll mich wohl scharf machen, was?« fragte Lucky.

Matilda drehte ihren Kopf nach hinten und lächelte. »Und wenn?«

Sie sah Luckys Gesicht nur gegen die Sonne, aber sie hätte schwören können, daß er errötete. Seine Stimme klang leicht verunsichert, als er sagte:

»Du läßt wohl auch nichts anbrennen?«

»Am liebsten nicht«, sagte Matilda und lächelte noch intensiver. »Möchtest du auch meine Vorderseite eincremen?«

Lucky nahm die Hände so plötzlich von ihrem Körper, als habe sie sich soeben in eine heiße Herdplatte verwandelt.

»Ähm«, sagte er. »Ich – häh – also, hahaha!«

Matilda drehte sich langsam auf den Rücken.

»Das war kein Witz«, sagte sie sanft.

Aber Lucky stieß weiter etwas erzwungene »Ha-ha«-Laute aus und erhob sich leicht schwankend. Dann murmelte er einen unverständlichen Satz, in dem die Worte Wasser und abkühlen vorkamen und verschwand im Meer. Matilda sah ihm hinterher, wie er hinaus ins Meer kraulte und griemelte vor sich hin.

Caroline ließ sich neben sie in den Sand fallen und folgte ihrem Blick. »Gut, daß es hier so seicht ist. Die Bleiente sollte nicht so weit rausschwimmen.«

»Er muß sich abkühlen«, sagte Matilda. »Dafür muß er schon das Pipiwasser der kleinen Kinder hier hinter sich lassen.«

Caroline ließ ihren Blick über den Strand schweifen. Es war eine hübsche kleine Bucht, das Wasser türkisblau und ziemlich warm, der Strand mit feinem weißen Sand bedeckt. Mit dem Campingplatz in der Nähe war es kein Wunder, daß es hier so voll war. Überall Familien mit Sonnenschirmen und Transistorradios und lärmenden Kids, die Frisbee-Scheiben hin und her warfen. Ollie und Benedikt spielten ebenfalls Frisbee. Sie hatten die Scheibe einem kleinen Mädchen abgekauft, das dabei war, sie im Sand zu vergraben.

Es gab sicher auch zur Hauptsaison schönere Orte auf der Insel.

»Es wird Zeit, daß wir mal wieder weiterfahren«, meinte Caroline.

»Finde ich auch«, sagte Leo. »Weiter in Norden ist mehr Wind!«

Angie nahm ihre Kopfhörer ab. »Meine Akkus sind leer«, jammerte sie.

»O wei«, sagte Peggy mitleidig. »Mitten am Tag, so was Blödes!«

»Das Aufladegerät ist auf dem Zeltplatz«, quengelte Angie.

»Ich könnte es dir holen«, erbot sich Peggy.

Angie nickte gnädig. Dann fiel ihr aber noch etwas ein, und sie verzog weinerlich den Mund. »Das Aufladen dauert mindestens drei Stunden! Was soll ich denn so lange machen?«

Den Kopf unter Wasser halten und bis zweitausenddreihundert zählen, wollte Caroline ihr gerade vorschlagen, als sich eine Pranke auf ihre Schulter legte und ein lautes »Na so was! Hallöle!« an ihr Ohr drang.

An Angies Gesichtsausdruck sah Caroline, daß es sich bei den Neuankömmlingen genau um die handelte, die sie auch vermutete.

»Peter! Harald!« sagte sie leise.

»Die Frieda!« Pädder und Harald hatten ihren Namen nicht vergessen. Franziskas und Matildas dagegen offenbar schon. »Die Git-Gu – ähm – und die – ähm – das Igelköpfchen auch! Und die kleine Rosinante ist dabei!«

Die kleine Rosinante griff automatisch nach ihren Kopfhörern, aber dann fiel ihr ein, daß der Walkman ja leider außer Betrieb war. Da rappelte sie sich schnell hoch und folgte Peggy, die schon auf halbem Weg zum Lagerplatz war. Pädder und Harald ließen sich zwischen Caroline, Franziska und Matilda in den Sand fallen und klopften freundschaftlich auf ihre Schultern.

»Da habt ihr uns beim letzten Mal aber einen schönen Streich gespielt«, erinnerte sie Harald an das zugenähte Zelt. Caroline zwang sich zu einem Lächeln.

»Wir wußten ja, daß ihr Humor habt«, sagte sie. Franziska und Matilda stöhnten nur.

»Ja, ja, Humor haben wir«, strahlten Pädder und Harald. »Und für die Drinks, die ihr uns serviert habt, würden wir uns auch gerne revanchieren! Wo ist denn die schicke Blondine? Ist die nicht mehr dabei?«

»Peggy? Ähm – Dietlinde, Kunigunde?« Franziska, Matilda und Caroline erinnerten sich nicht mehr an

Peggys Decknamen. Leo war aufgeschreckt und starrte mürrisch zu ihnen hinüber.

»Wer iss'n das?« fragte er.

»So 'ne scharfer Schuß mit langen Beinen«, sagte Harald zu ihm.

Leo schaute noch griesgrämiger drein. »Ich wollte wissen, wer ihr seid!«

»Harald und Pädder«, sagte Pädder artig. »Wir sind alte Freunde von den Mädels. Und wer bist du?«

Leo sagte nichts. Er sah verwirrt aus.

»Er ist Kunigundes Verlobter«, sagte Matilda.

»Dietlindes«, verbesserte Franziska.

»Und wer ist Dietlinde?« erkundigte sich Leo.

»Deine Verlobte«, sagte Caroline und kicherte.

Leo war sehr froh, daß Lucky in diesem Augenblick aus dem Wasser kam. »Endlich, Kumpel!«

Harald und Peter blickten ihm neugierig entgegen.

»Wer sind denn die?« fragte Lucky prompt.

Leo schüttelte den Kopf. »Mich mußt du nicht fragen.«

Pädder und Harald nahmen die Vorstellung erneut selber in die Hand. »Pädder und Harald!« sagten sie. »Wir sind Freunde von den Mädels hier.«

»Aha«, sagte Lucky ebenso griesgrämig wie Leo.

»Das ist Lucky«, raunte Franziska Pädder zu. »Er ist Berufsboxer. Mein Verlobter.«

»Meiner auch«, sagte Matilda. Franziska sah sie böse an.

»Wir sind Mormonen«, setzte Matilda hastig hinzu.

»Echt?« Pädder sah enttäuscht aus. »Hättet ihr ja auch mal sagen können, daß ihr verlobt seid.«

»Mit einem Berufsboxer«, flüsterte Harald nachdenklich.

»Ich bin auch verlobt«, sagte Caroline und zeigte auf Ollie, der mit Benedikt jetzt im seichten Wasser Frisbee spielte. »Und der Rothaarige ist Rosinantes Mann.«

»Echt?« fragte Pädder wieder. Benedikt hatte Ollie soeben ins Wasser geschubst, und jetzt kamen sie händchenhaltend und verliebt lachend wieder heraus. »Sind das auch Mormonen?«

»Nö«, sagte Caroline. Ein Mormone war genug.

»Kein Wind hier in der Scheißbucht«, meinte der berufsboxende Mormone zu Leo. »Ich bin dafür, daß wir heute noch weiterfahren.«

Die Mädchen sprangen eifrig auf. »Das ist eine tolle Idee!« riefen sie.

Lucky musterte sie erstaunt, vor allem Caroline. Er war es nicht gewohnt, daß sie so prompt und begeistert auf einen seiner Vorschläge reagierte. Schließlich rang er sich zu einem typischen Satz durch: »Hat euch 'ne Biene in die Kiste gestochen?«

Matilda hängte sich an seinen Arm. »So was Ähnliches.«

»Allgemeine Aufbruchsstimmung?« fragte Benedikt und ließ Ollies Hand los.

»Wir fahren weiter, Liebling«, informierte sie Caroline. Sie wußte nicht mehr, wer von beiden ihr Verlobter war. Benedikt und Ollie begannen sofort, ihre Sachen zusammenzusuchen.

»Finde ich toll«, sagte Benedikt. »Hier ist mir zuviel Pipi im Wasser. Und noch Schlimmeres. Was gerade eben an mir vorbeigeschwommen ist, sage ich euch lieber nicht.«

»Wo fahrt denn ihr jetzt hin?« wollten Harald und Pädder wissen.

Lucky machte eine unbestimmte Handbewegung. »Immer dem Wind nach.«

»Vielleicht laufen wir uns ja noch mal über den Weg«, meinte Harald. »Sag mal, kennst du eigentlich Henri Maske?«

»Klar«, sagte Lucky. Er kannte Henri Maske aus dem Fernsehen.

Harald und Pädder nickten beeindruckt.

»Tschüs, ihr zwei«, sagte Franziska fröhlich. Sie hatte in Blitzesschnelle alle Handtücher zusammengerafft, die Sonnenmilch in die Strandtaschen geworfen und stand nun bepackt wie ein Lastesel neben Lucky. Caroline klappte ihren Sonnenschirm zusammen und lächelte ihnen zum Abschied zu.

»Vielleicht sehen wir uns ja noch einmal«, sagte sie leichtsinnig.

»Gut möglich«, sagte Harald. Wer ihn kannte, wußte, daß er nicht gelogen hatte.

Zumal Lucky, der Dummkopf, ihm noch einen Tip gab. Harald hörte ganz deutlich, wie er sagte: »Wir fahren rauf nach Galeria. Dort kenne ich ein verstecktes Plätzchen, wo uns kein Wildhüter jemals findet!«

7.

Bastia, 6. August

Als der Mann von der Autovermietung ihn fragte, wo es denn hingehen sollte, dachte Cornelius zum ersten Mal konkret darüber nach.

»Ich suche ein paar Freunde«, sagte er dem Hertzmann, »aber ich weiß nicht wo.«

»Korsika ist eine große Insel.«

Cornelius nickte. »Ich weiß. Aber ich habe ein paar Anhaltspunkte. An der Ostküste sind sie jedenfalls nicht, und ich weiß definitiv, daß sie sich anfangs eher im Süden aufhielten. Und vorgestern waren sie mit Freunden in Corte verabredet. Jetzt muß ich nur überlegen, wohin sie von dort gefahren sind.«

Der Autoverleiher breitete eine Karte auf dem Tresen aus.

»Sie können überall sein«, sagte er. »Korsika ist eine kleine Insel.«

»Eben haben Sie noch gesagt, es sei eine große Insel.«

Der Hertzmann nickte. »Sie ist beides, groß und klein. Und es gibt eine Menge Verstecke für Menschen, die nicht gefunden werden wollen.« Er schien zu glauben, Cornelius sei ein Privatdetektiv auf der Suche nach entflohenen Straftätern.

Darüber mußte Cornelius grinsen. »Ich glaube nicht, daß sie sich verstecken wollen. Ich glaube vielmehr, sie sind wieder ans Meer gefahren, weil sie Surfbretter und Schnorchel dabeihaben.«

»Am Meer gibt es viele schöne Orte«, sagte der Hertzmann und fuhr mit dem Zeigefinger die Küstenlinie ab. »Ajaccio, Sagone ...«

»Zu weit südlich«, meine Cornelius unbestimmt. »Sie fahren sicher nicht wieder so weit zurück. Ich werde mit meiner Suche hier anfangen.« Seine Fingerspitze landete im Golf von Porto.

»Ah, sehr schön«, sagte der Hertzmann. »Und hier ist es besonders schön.« Er deutete auf den äußersten Kartenrand. »Piana!«

»Gut«, sagte Cornelius und kaufte die Karte. »Dort fange ich an.«

»Aber erst mal müssen Sie da hinkommen«, sagte der Hertzmann, als er ihm die Autoschlüssel und die Papiere überreichte. »Das ist eine längere Strecke, viele Berge. Sie fahren am besten über Ponte Leggia und Calacuccia, das geht am schnellsten. In ein, zwei Tagen können Sie dann dort nach Ihren Freunden suchen.«

»Aber das sind höchstens neunzig Kilometer, wenn mich mein Augenmaß nicht täuscht.«

»Neunzig Kilometer *Luftlinie*«, sagte der Hertzmann mit schadenfrohem Grinsen. »Ich sagte doch, viele Kurven, viele Berge!«

Cornelius ließ sich seufzend auf den Sitz des geliehenen Autos fallen. Das Unterfangen schien tatsächlich ziemlich aussichtslos zu sein. Wie hatte er sich auch nur zu so einer blöden Suchaktion hinreißen lassen können! Daran waren Franziskas Postkarten schuld.

Und dann diese eigenartigen Träume, in denen Franziska in einem schnellfließenden Gewässer unterging! Ein unwahrscheinlicher Traum, denn Franziska hatten ihren DLRG-Leistungsschein mit links gemacht. Aber egal, ihn hatte plötzlich dermaßen die Sehnsucht gepackt, daß er es zu Hause einfach nicht mehr aushalten hatte können. Spontan hatte er um Urlaub gebeten, den Rucksack gepackt und einen Flug gebucht, und jetzt stand er hier und verstand nicht mehr, wie er zu Hause noch hatte glauben können, Franziska hier so einfach ausfindig zu machen. Als ob alle Menschen, die sie und die anderen gesehen hatten, sich noch an sie erinnerten und ihm den Weg wiesen.

Er war ein Dummkopf! Der Hertzmann hatte recht: Dies war eine riesenhafte Insel, und seine Freunde konnten überall sein. Sie zu finden wäre reine Glückssache.

Aber es war nicht Cornelius' Art, in Trübsal zu verweilen. Er drehte den Zündschlüssel um und gab Gas. Wo ein Wille ist, ist auch ein Weg, dachte er und machte sich auf, die korsischen Berge zu überqueren. Die Worte des Autoverleihers hatten ihm etwas Angst eingeflößt, und so hielt er noch einmal in Casamozza an, dem Kreuzungspunkt, an welchem die Straße nach Ponte Leggia abzweigte, und deckte sich in einem Supermarkt mit Nahrungsmitteln und Wasser ein. An einer Tankstelle besorgte er einen zweiten Benzinkanister, und bei einem Obststand an der Straße kaufte er zwei Kilo köstlicher Pfirsiche. Die Sachen bedeckten schließlich die ganze Rückbank.

Mit diesen Vorräten würde er sogar die Wüste Gobi durchqueren können, dachte er zufrieden, als er weiterfuhr. Die Straße folgte nun dem Lauf eines Flusses hinauf in die Berge. Der Fluß verschwand in einer immer tiefer werdenden Schlucht, aber die Straße blieb breit und gut befahrbar. Cornelius war wieder guten Mutes, noch vor dem Abend auf der anderen Seite des Gebirges zu sein. Er begann die Fahrt zu genießen. Gelegentlich sah man einen Eisenbahnviadukt, vereinzelt kleine Weiler an der Straße, die Dörfer klebten malerisch oberhalb der karg begrünten Hänge. Viel schneller als erwartet tauchte Ponte Leggia vor ihm auf, mit weit verstreuten Häusern, die an eine amerikanische Goldgräberstadt erinnerten. Cornelius sah auf seinen Kilometerzähler, knapp fünfzig Kilometer seit Bastia, und es war noch nicht mal Mittag. Er hielt am Straßenrand, um einen der köstlichen Pfirsiche zu verspeisen und auf der Karte zu schauen, wo er jetzt weiterfahren mußte.

Der Pfirsich war sehr süß und sehr saftig. Cornelius konnte nicht verhindern, daß der Saft ihm übers Kinn rann.

»Du Schwein!« schrie jemand.

Schuldbewußt tupfte sich Cornelius das Kinn ab. Neben dem Auto war wie aus dem Nichts ein Mädchen aufgetaucht. Ein pummeliges Mädchen mit langen, feuerroten Haaren, die am Scheitel dunkelbraun nachwuchsen. Ihr rundes Gesicht war tränenüberströmt, die Wimperntusche zog schwarze Streifen über ihre Wangen.

»Du-hu Schwein!« schrie sie wieder, und die Tränen quollen aus ihren Augen wie Wasser aus einem defekten Gartenschlauch. Etwas hinter Cornelius hatte ein Motorrad gehalten. Der Fahrer nahm seinen Helm ab. Fettige schwarze Haare fielen in dünnen Strähnen auf die Schulterpolster seiner Lederjacke.

»Dre-heckiges Schwein!«

»Linda, nun heul doch nicht!« sagte der Fettige. Hinter ihm auf dem Motorrad saß ein weiteres Mädchen, ihre Haare waren blondiert und ebenfalls fettig. Cornelius in seinem Auto schloß daraus, daß das Tragen eines Motorradhelms nicht eben zu einer duftigen Frisur verhalf.

»Mensch, Mädchen, nun laß uns einfach fahren und stell den Hahn ab«, sagte die Blondierte zu dem heulenden Mädchen namens Linda.

Aber Linda heulte, was das Zeug hielt.

»Schwein!« brüllte sie. Cornelius konnte nicht umhin, sie etwas phantasielos zu finden, er war allerdings froh, daß er nicht damit gemeint war.

»Wir müssen los«, sagte der Typ.

»Kannste doch nich machen!« schrie die Rothaarige. »Mich hier allein lassen ohne alles!«

»Kann er wohl«, keifte die Blondierte zurück. »Los, Jochen, gib Gas.«

Cornelius verzehrte bereits seinen zweiten Pfirsich, diese Pause war sehr unterhaltsam.

»Und meine Sachen?« schluchzte Linda und stellte sich zwischen Cornelius' Stoßstange und das Motorrad. Cornelius konnte nur hoffen, daß der Fettige nicht tatsächlich Gas gab und diese Linda auf seinen Kofferraum quetschte.

»Dein Krempel liegt noch auf dem Zeltplatz«, sagte der Typ und setzte seinen Helm wieder auf. »Bin ich ja nicht für verantwortlich, wenn du einfach wegläufst und alles liegenläßt.«

Auch die Blondierte setzte sich einen Helm auf. Stand ihr gut, dachte Cornelius und starrte in den Rückspiegel, sollte sie immer tragen, dann sah man ihr blödes Gesicht nicht.

»Jochen, laß stochen«, sagte sie. Sogar reimen konnte sie, stellte Cornelius anerkennend fest.

Jochen ließ sich das nicht zweimal sagen, er gab Gas.

»Ne-iiin, Schwei-iiin!« kreischte Linda, was ebenfalls ein Reim war, nur etwas primitiver. Ihr Gebrüll nutzte nichts, das Motorrad verschwand um die nächste Kurve, schon war das Motorengeräusch nicht mehr zu hören.

Linda ließ sich auf die Bordsteinkante plumpsen und ihren Tränen freien Lauf. Ein dickes, rotgefärbtes, schniefendes Wesen direkt an seiner Stoßstange – Cornelius konnte nicht umhin, Mitleid mit ihr zu haben. Er versuchte, in aller Ruhe seinen Pfirsich aufzuessen. Was ging ihn diese Linda an? Er hatte schließlich eigene Probleme, er mußte seine Franziska finden, und das am besten noch vor Einbruch der Nacht. Aber Cornelius sah sich nicht in der Lage, einfach weiterzufahren.

Mit einem lauten Seufzer griff er hinter sich und stieg dann aus.

»Hi, möchtest du einen Pfirsich?«

Linda hob ihr tränenüberströmtes Gesicht zu ihm auf. Ihre runden Wangen und das kleine Doppelkinn zitterten, als sie nach seinem Pfirsich griff.

»Danke«, sagte sie.

Cornelius seufzte noch einmal. Dann setzte er sich neben sie auf das Pflaster und sagte: »Du, ich hab' das eben mitbekommen mit deinem Freund. Auf welchem Zeltplatz liegen denn deine Sachen?«

Linda zeigte vage die Straße hinab. »Der Jochen ist so'n Schwein. Ich war seine Sozia. Und jetzt hat er 'ne Neue.«

»Ja, ja. Und du brauchst deine Sachen wieder«, meinte Cornelius. »Wenn's nicht weit ist, könnte ich dich schnell hinfahren.«

»Echt?« Linda sah ihn mit großen Augen an. »Würdest du das echt für mich tun?«

»Ja, würde ich«, seufzte Cornelius. »Hast du denn genug Geld, um dann nach Hause zu fahren?«

»Nach Hause?« Lindas Tränen begannen erneut zu fließen. »Ich will nicht nach Hause. Ich kann nicht. Außerdem habe ich nur noch hundert Mark. Das ist alles der Jochen schuld.«

Cornelius verfluchte sich innerlich für sein Einmischen. Aber wer A sagt, muß auch B sagen. »Hör mal, wenn ich das richtig verstanden habe, setzt dein Freund seinen Urlaub mit einer anderen fort, und du mußt sehen, wo du bleibst. Zuerst holen wir jetzt deine Sachen, und dann überlegen wir, wie du wieder nach Hause kommst. Es wird schon eine Lösung geben.«

»Echt?« fragte Linda wieder. Ihre verweinten Augen sahen ihn hoffnungsvoll an. »Du bist echt vom Himmel hierher geschickt worden. Dem Jochen ist doch ganz egal, was hier aus mir wird.«

»Ja«, seufzte Cornelius. »Den Eindruck hatte ich auch.«

»Vor drei Wochen haben wir uns verlobt, der Jochen und ich. Und Kinder wollten wir auch haben. Und dann hat er mir diese Reise geschenkt, nur wir zwei auf seinem Motorrad. Eine Leder-Kombi hat er mir gekauft. Und einen Helm. War alles sauteuer. Ich war superglücklich.« Sie schniefte laut. Cornelius zwang sich, nicht auf den Tropfen an ihrer Nase zu schauen. »Und vor zwei Tagen war plötzlich alles vorbei. Da ist dann diese dürre Ziege aufgetaucht. Meine Kombi ist der viel zu groß. Schlottert der um die Knochen. Fette Kuh, hat die zu mir gesagt, und Jochen hat gelacht. Und mir hat er immer gesagt, ich sei gerade richtig.« Der Tropfen löste sich von ihrer Nase und fiel hinab auf ihre Shorts.

Cornelius hatte die Geschichte nur so ungefähr verstanden. »Und wo kam die dürre Ziege so plötzlich her?«

»Weiß ich auch nicht«, sagte Linda. »Die stand da plötzlich am Strand in so 'nem schwarzen Badeanzug, wo lauter Löcher drin sind, und hat den Jochen nach Feuer gefragt. Und dann isse uns hierhin nachgekommen.«

»Ja, wie denn?«

»Weiß ich auch nicht.« An Lindas Nasenausgang war wieder ein Tropfen erschienen. »Mit'm Bus vielleicht. Jedenfalls isse jetzt mit dem Jochen weiter. Und ich steh' hier ohne alles.«

»Das ist wirklich schlimm«, sagte Cornelius.

»Aber jetzt bist du ja hier«, sagte Linda hoffnungsvoll.

»Ja.« Cornelius seufzte. Je eher er die wieder los wurde, desto besser. »Komm, laß uns fahren.«

Noch ehe sie den Campingplatz erreicht hatten, wußte Cornelius alles, was es über Linda zu wissen gab. Sie war neunzehn und kam aus Meckenheim, der Vater war Bäcker und Linda Konditorei-Fachverkäuferin in seinem Laden.

»Wollte ich aber nie werden«, sagte sie. »Ich wollte was mit Mode machen oder Schaufenster dekorieren oder so was. Durfte ich aber nicht.«

Cornelius dachte, daß das keine gute Idee von Lindas Eltern gewesen war. Sie sollte definitiv irgendwo arbeiten, wo man die Verkaufswaren nicht aufessen konnte.

»Die mögen auch meine Freunde nie«, fuhr Linda fort. »Als meine letzte Partnerschaft in die Brüche ging, haben sie gesagt, sie würden mir einen Hund kaufen.« Linda schniefte wieder. »Als ob ein Hund einen Mann ersetzen könnte. Aber Platz genug hätten wir ja.« Linda wohnte in der Souterrainwohnung des bäckerlichen Einfamilienhauses, und dort gab es einen riesenhaften Garten. Linda beschrieb ihn in allen Einzelheiten.

»Toll«, sagte Cornelius, nur um überhaupt etwas zu sagen.

»Ich bin das einzige Kind«, erklärte Linda. »Ich erbe mal alles. Die Bäckerei, das Haus, die Grundstücke, alles.«

»Dann bist du ja eine gute Partie«, meinte Cornelius freundlich.

»Ja«, sagte Linda. »Aber wo ich jetzt mit dem Jochen weggefahren bin, werden sie mich sicher enterben. Ich durfte nämlich nicht mit dem weg. Nicht mal in die Disco. Und nicht auf dem Motorrad hinten drauf. Und dann schon gar nicht in den Urlaub. Ich bin aber volljährig, kann man mir doch nicht verbieten, oder? Ich bin einfach weggefahren, mitten in der Nacht. Aus dem Fenster bin ich geklettert.«

Sofort hatte Cornelius ein Bild von Linda vor Augen, wie sie an einem Clematisspalier hing und die Dübel aus der Wand brachen. Dann fiel ihm ein, daß Linda glücklicherweise im Souterrain hauste.

»Der Typ macht dich doch nur unglücklich, haben meine Eltern gesagt. Mann, die waren sicher stinksauer«, fuhr Linda fort. »Ich hatte nämlich nicht mal Urlaub, und die andere Verkäuferin lag mit Grippe flach.« Sie lächelte schadenfroh. »Immer wollen sie für mich mit entscheiden, als ob ich nicht selber wüßte, was gut für mich ist.«

Cornelius räusperte sich, um sie daran zu erinnern, daß Jochen soeben mit einer neuen Sozia davongefahren war und sie mutterseelenallein in einer gottverlassenen Gegend hatte stehenlassen. Da sagte Linda für mehrere Sekunden gar nicht mehr.

Glücklicherweise fanden sich alle ihre Sachen noch auf dem Campingplatz, sogar der Brustbeutel mit ihrem Personalausweis und dem Geld.

»Alles da«, sagte Linda. »Und jetzt?«

Cornelius betrachtete sie nachdenklich. Unmöglich, dieses Wesen hier allein zu lassen. Es würde keine zwei Stunden dauern, und sie steckte in neuen Schwierigkeiten.

»Paß auf«, sagte er. »Zuerst gehst du dir dein Gesicht waschen, und dann telefonieren wir mit deinen Eltern. Die machen sich sicher große Sorgen.«

»Die reißen mir den Kopf ab«, sagte Linda.

»Das können sie ja nicht durchs Telefon«, gab Cornelius zurück.

Mit gewaschenem Gesicht, völlig ohne Schminke, sah Linda viel netter aus. Sie hatte sich sogar die gescheckten Locken gekämmt und im Nacken mit einem Gummi zusammengebunden.

Cornelius reichte ihr seine frischerworbene Telefonkarte und schob sie in die campingplatzeigene Telefonzelle. Dann machte er einen kleinen Spaziergang im Radius von zwanzig Metern um die Zelle herum. Das war ein Fehler. Linda vertelefonierte knapp zwanzig Francs, bis er merkte, daß sie die deutsche Vorwahl offenbar nicht kannte. Auch seine Erklärungen halfen da nicht viel. Schließlich nahm er das Wählen selber in die Hand und wartete, bis das Freizeichen ertönte.

»Was soll ich denn sagen?« flüsterte Linda, als er ihr den Hörer in die Hand drückte.

»Sag, daß es dir leid tut«, meinte Cornelius.

»Es tut mir leid«, sagte Linda in die Sprechmuschel. Was am anderen Ende gesprochen wurde, konnte Cornelius nicht verstehen.

»Weiß ich nicht, wie das hier heißt«, sagte Linda noch, und da war das Gespräch unterbrochen.

»Die sind vielleicht sauer«, sagte sie. »Ich bräuchte überhaupt niemals mehr nach Hause zu kommen, hat meine Mutter gesagt.«

»Vielleicht hättest du erst mal hallo sagen sollen«, seufzte Cornelius. »Na ja, wir geben ihnen etwas Zeit, sich zu beruhigen und versuchen es später noch einmal. Jetzt wissen sie wenigstens schon mal, daß dir nichts passiert ist.«

»Und jetzt?«

Cornelius sah auf ihren dunklen Haaransatz herab. »Jetzt kommst du am besten mit mir. Ich fahre an die Westküste und suche dort meine Freundin. Wir werden schon eine Möglichkeit finden, dich irgendwie nach Hause zu kriegen.«

»Du hast eine Freundin?« fragte Linda traurig.

»Ja«, sagte Cornelius. »Wenn ich sie finde, dann wirst du sie kennenlernen.«

»Ist sie hübsch?«

»Ja, sehr«, sagte Cornelius.

»Schlank?«

Cornelius nickte.

»Alle tollen Männer haben eine hübsche, schlanke Freundin«, sagte Linda. »Und keiner liebt mich. Weil ich so dick bin. Die Neue von Jochen, die war auch ganz schlank.«

»Ich wäre sicher auch pummeliger, wenn ich den ganzen Tag mit Plunderteilchen zu tun hätte«, meinte Cornelius heiter und lud Lindas Gepäck in den Kofferraum.

»Marzipanschnecken«, verbesserte Linda. »Und einfache Butterstreusel – die sind mein Verhängnis.«

8. 𝔗

Im Wald irgendwo im Golf von Galeria
9. August

Lieber Fabian,

heute wurde Leo fünfundzwanzig Jahre alt. Wie es sich für so einen besonderen Tag gehört, erwachte er noch vor dem Morgengrauen und wollte, daß sich jemand um ihn kümmerte. Zufälligerweise war ich gerade wach geworden. Ich schlafe hier nicht besonders gut, weil der Boden aus Steinen besteht. Es sind zwar runde, in Jahrmillionen glattgeschliffene Steine, aber sie sind eben trotz allem Steine und sehr hart. Meine Luftmatratze nutzt mir hier nichts, ich erzähle es nur ungern, aber die Superturboluftpumpe hat ihren Geist aufgegeben, und ohne Pumpe gibt es keine Möglichkeit, dieses Monstrum mit Luft zu füllen. Ich schlafe jedenfalls nicht sehr gut, und das war auch der Grund, warum ich Zeuge der folgenden Szene wurde:

Leo rekelte sich in seinem Schlafsack, schlug die Augen auf und wußte gleich: Heute ist mein Geburtstag. Umgehend griff er nach Peggy, die neben ihm schlief, und kniff sie in den Arm.

Mit einem leisen »Autsch!« erwachte sie, und beim Anblick von Leos erwartungsvollem, verknautschtem Gesicht unmittelbar vor ihrer Nase mußte auch ihr erster Gedanke gewesen sein: Heute ist Leos Geburtstag.

»Alles Liebe zum Fünfundzwanzigsten«, flüsterte sie heiser. »Mein geliebtes Knuffibärchen!«

»Ich will mein Geschenk«, sagte das Knuffibärchen.

Peggy sah auf die Uhr.

»Es ist aber doch erst halb fünf«, sagte sie. »Komm, wir schlafen noch ein bißchen.«

Ihr selber fielen bei diesen Worten wieder die Augen zu. Leo kniff sie erneut in den Arm.

»Mein Geschenk!« verlangte er.

Peggy schälte sich mit einem leisen Seufzer aus dem Schlafsack, um Leo eines seiner Geschenke zu holen. Es war, wie ich wußte, ein Abonnement für die »Surf«, ein Windsurfmagazin. Peggy hatte dazu die aktuelle Nummer des Magazins zu einer Rolle verpackt und in hübsches Papier eingewickelt. Allein die kunstvolle Verschnürung hatte sie eine gute halbe Stunde beschäftigt. Leo zerstörte das Kunstwerk nach Art geschenkegeiler kleiner Jungs in Sekundenbruchteilen. Triumphierend zog er die Zeitschrift heraus, um dann in enttäuschtes Geheule auszubrechen.

»Ooooooh, die habe ich schon!«

»Psssst, Knuffibärchen«, quiekte Peggy. »Du weckst ja die anderen auf. Lies doch mal, was auf der Karte steht.«

Die Karte hatte Leo ebenfalls nach Art geschenkegeiler kleiner Jungs unbeachtet zur Seite geschmissen. Dabei war auch sie ein Kunstwerk, Peggy hatte sie nämlich eigenhändig bemalt. Auf der Vorderseite stand, daß dies ein Gutschein für ein Jahresabonnement sei, und auf der Innenseite in blumigen Worten, wie sehr sie ihr Knuffibärchen liebte. Leo las selbstverständlich nur die Vorderseite.

»Ach, so ist das«, sagte er einigermaßen erfreut.

»Freust du dich?« wollte Peggy aber noch einmal explizit wissen.

»Ja, klar. Aber war das denn schon alles?« Leo drehte den Kopf nach allen Seiten, als erwarte er an diesem gottverlassenen Ort mindestens eine Riesentorte, aus der ein nacktes Playboyhäschen sprang.

Es war aber nur Peggy, die sprang, nämlich erneut aus ihrem Schlafsack. Sie holte ihre drei restlichen Geschenke aus dem Kofferraum, alle drei ebenfalls kunstvoll verpackt – und in Sekundenschnelle von der Verpackung befreit. Leo war darin wirklich einsame Spitzenklasse. Als erstes förderte er einen hübschen Zopfpulli zutage.

»Genau der, den du dir gewünscht hast«, sagte Peggy in einem Tonfall, den ich treffend nur als Wimmern bezeichnen kann. »Du hast gesagt, dir wäre er zu teuer. Ich bin später in den Laden gegangen und habe ihn für dich gekauft. Freust du dich, Knuffibärchen?«

»Klar, Mann«, beteuerte Leo und schmiß den Pullover auf das Surfmagazin. Klar, Mann, daß er sich auch über die CD freute, an der eine Zweipfundtüte Gummibärchen hing. Weil Leo nur die weißen Gummibärchen mochte, hatte Peggy sich die Mühe gemacht, aus zwei Dutzend Tüten alle andersfarbigen Gummibärchen auszusortieren, um ein Kilo farblosen Genuß für Leo herzustellen. Hoch erfreut nahm Leo gleich eine Handvoll davon.

»Das war vielleicht eine Arbeit«, seufzte Peggy. Ich hätte dies bestätigen können, denn ich gehörte zu den Glücklichen, die geholfen hatten, die roten, grünen, gelben und orangefarbenen Gummibärchen aufzuessen.

»Das glaub ich gern, kleiner Freßbär«, sagte Leo und zwickte Peggy in den nicht vorhandenen Speck oberhalb der Taille.

»Freust du dich denn?« wollte Peggy zum wiederholten Male wissen. Zu diesem Zeitpunkt hielt ich es in meinem Schlafsack kaum noch aus.

Klar, Mann, freute Leo sich. Das einzig weniger erfreuliche Geschenk war das Bild von Peggy in einem noblen Holzrahmen. Als das Bild in hohem Bogen zu den anderen Geschenken flog, bekam der noble Holzrahmen leider eine Macke.

»War das alles?« erkundigte sich Leo und kniff Peggy in die Wange.

»Ja«, quiekte Peggy. »Freust du dich?«

»Ich habe Hunger«, antwortete Leo.

Hier im Wald von Galliano campen wir zum ersten Mal richtig wild. Das hier ist nämlich keine halb offizielle Bauernwiese. Genaugenommen ist es auch kein Wald, die Bäume sind sehr mickrig, eher buschähnlich, aber sie spenden Schatten und geben einer Menge Tieren Lebensraum, die man eigentlich nicht so gerne in seiner Nähe hat. Schlangen zum Beispiel. Gestern beim Klogang ist mir eine über den Weg gelaufen. Wenn sie mich gebissen hätte! Ich war wieder mal zu einem sehr verschwiegenen Örtchen aufgebrochen, kein Mensch hätte mich gefunden. Nach diesem Erlebnis werde ich dann doch auf den Donnerbalken gehen, den Lucky in Sicht- und Hörweite angelegt hat. Beim Bund hat er gelernt, ratzfatz und blitzschnell eine Latrine auszuheben und mit einem fast komfortablen Sitz aus Fallholz zu versehen. Ja, ich darf ohne Übertreibung sagen, daß Lucky ein Meister des Latrinenbaus ist. Hierin würde ich eine echte Zukunftschance für ihn sehen.

Der Strand ist fünfzig Meter von unserem schattigen Lagerplatz entfernt, und er gehört uns ganz allein. Das liegt daran, daß es Zugang nur über eine komische, feldwegähnliche Straße gibt, und außerdem ist es kein Sandstrand, sondern ein Kiesstrand mit jenen rundgeschliffenen großen Kieseln, die ich oben schon mal beschrieben habe. Offensichtlich mögen die anderen Touristen keinen Kies, dabei haben die Steine den Vorteil, nicht vom Wind auf die frischeingecremten Körper geblasen zu werden, und sie sind auch zu groß, um sich in allen möglichen Körperritzen und -nischen festzusetzen. Außerdem sind sie sehr schön, nicht nur ihrer weichen, runden Formen wegen. Der überwiegende Teil schimmert in Dunkelgrün, aber es sind auch fast alle anderen Farbschattierungen vorhanden. Ich habe einen Haufen schwarz-orange-marmorierter Steine gesammelt. Franziska hat sich auf blaugeäderte spezialisiert, und Angie hat eine Sammlung kleiner dunkelroter Steinchen angelegt. Der Strand fällt sehr steil ab, daher brechen sich die Wellen erst unmittelbar am Ufer und üben dabei eine starke Sogwirkung aus. Das Wasser ist mächtig genug, die schweren Steine aufzuwirbeln, und wenn man nicht aufpaßt, hat man eine Handvoll davon in der Bikinihose hängen.

Das Wasser ist hier superklar, so klar, daß Ollie und Benedikt sich eine Schnorchelausrüstung gekauft haben, um die Unterwasserwelt zu erkunden. Herrje, ich muß Schluß machen, man ist versucht, einen Eimer mit dem klaren Wasser über mir auszuleeren, und ich fürchte, es schwimmen kleine Fischlein darin!

Einen Tag später im Fangotal

Mann, hab' ich einen Kater! Zum Erholen sind wir ins Fangotal gefahren. Hier schlängelt sich ein Süßwasserfluß, oder besser Bach, durch die grüne Landschaft, es gibt riesenhafte Felsbecken, in denen man den schmerzenden Kopf abkühlen kann.

Leos Geburtstag war sonst ein voller Erfolg. Von uns allen bekam er ein T-Shirt mit dem Aufdruck: »This is the reason why we fly every year to hawaii« oder so ähnlich, und ich fand, daß er sich darüber mehr freute als über Peggys Geschenke. Möglicherweise lag das daran, daß wir ihn nicht ständig fragten, ob er sich denn auch wirklich freue. Angie und Peggy haben sich gegenseitig darin überboten, seinen Platz festlich herzurichten. Sie pflückten Blumen, schöne weiße, deren Namen keiner kennt – sie wachsen hier im Wald und stehen sicher unter Naturschutz –, drapierten sie um seinen Teller und stellten ganze Sträuße davon in unsere Tassen. Wir mußten uns zu sechst eine einzige Tasse teilen. Leo bekam außerdem Kerzen, einen bemalten Stein als Geburtstagskarte und »Happy Birthday« aus einer Menge unausgeschlafener Kehlen. Er strahlte über beide Grübchen, und ich konnte vorübergehend wieder verstehen, was Peggy an ihm findet. Großzügig wie er nun mal sein kann, fuhr er dann mit Lucky zum nächstgelegenen Supermarkt und kaufte Unmengen von Büchsenbier, Wein und Süßigkeiten für die abendliche Party ein. Wir hatten Vollmond, und das ist vielleicht der Grund, warum es eine ziemlich wirre Party war. Meine kleine Kamera ist die einzige mit eingebautem Blitz, daher konnte ich als einzige die Highlights festhalten. Ich weiß nicht, wie viele Pärchen ich in der Dunkelheit angeblitzt und zu Tode erschrocken habe, aber es waren einige, die nicht zusammengehörten. Heute morgen kamen schon die ersten Angebote für die Exklusivrechte.

Aber der Reihe nach: Zuerst war es ganz harmlos, ein Lagerfeuer am Strand, in dem Folienkartoffeln und Brot geröstet wurden (die Kartoffeln sind bis heute nicht gar, was haben wir falsch gemacht?), dazu Leos Wein, die laue Abendluft, das Rauschen des Meeres – und über uns der Mond, wie ich ihn noch nie gesehen habe. Voll und rund und in einem warmen Orangeton leuchtend – irgendwie magisch.

Matilda sagt das auch. Sie meint, der Mond ist an allem schuld, was dann passierte. Ich meine, die Schuld ist eher im Alkohol zu suchen. Es war Rosé, nicht mal billig, leicht und frisch, in Meerwasser gekühlt, und man konnte ihn runtertrinken wie Wasser. Genauer gesagt, man konnte es nicht nur, man mußte es sogar, da Leo an alles gedacht hatte, nur nicht an Wasser, und unser Wasservorrat leider zur Neige gegangen war. Wenn man Durst hat und nichts als Pfirsichsaft und Rosé, um ihn zu stillen, fällt die Wahl nicht schwer. Die Jungs hatten es gut, sie hielten sich an das Bier, das wirkte nicht so schnell und schien auch den Durst besser zu löschen. Aber wir Mädchen mögen nun mal kein Bier und – mei, was waren wir betrunken!

Auf jeden hat Alkohol eine andere Wirkung, das konnte ich wieder einmal feststellen. Nehmen wir zum Beispiel mich. Mir merkt man einen Liter Rosé nicht an, selbst nicht, wenn ich Zungenbrecher sprechen soll. Das taten wir gestern zur Überprüfung unserer Zurechnungsfähigkeit.

Bei »Der Kaplan klebt Pappplakate an, der Kaplan klebt Pappplakate an« und »Die Katze läuft die Treppe krumm« und »Fischers Fritze fischt frische Fische« war ich wirklich einsame Spitze.

Franziska dagegen sagte allen Ernstes: »Die Katze *säuft* die Treppe krumm«, und Matilda war völlig unfähig, das Wort »Kaplan« auszusprechen.

»Paplan plebt Pappplapate an«, plapperte sie.

Lucky brauchte eine Viertelstunde für den Satz. »Der, ähm, der Dings, war es ein Pfarrer? Also, ähm, dann eben Kaplan, der klebt jedenfalls, ähm, Dings an. Plakate oder so was.«

Nur ich, wie gesagt, konnte das alles runterschnurren ohne einen einzigen Fehllaut. Die anderen mußten widerwillig anerkennen, daß ich Alkohol vertragen konnte wie kein zweiter.

Erst als ich aufstand, um aufs Klo, pardon, den Donnerbalken, zu gehen, hatten die anderen ihren Triumph. Ich kam nämlich gar nicht erst hoch. Immer wenn ich stand, taumelte ich im Kreis und fiel wieder hin. Und das, obwohl ich im Kopf ganz klar war. Peinlich!

Franziska mußte mich zum Pipimachen begleiten und aufpassen, daß ich mich nicht anschließend gleich hineinsetzte.

»Haha, du bis gan s-sön besoffen, wie die Katze, die die Treppe krumsäuft«, lallte Franziska und zeigte mir, wie hervorragend sie noch auf einem Bein komplizierte Pirouetten drehen konnte.

Ja, ja, der Allohol, hicks. Es ist doch gut, sparsam damit umzugehen. Ich jedenfalls werde ihn in nächster Zeit nur noch zum Desinfizieren von Mitessern benutzen, das kann ich Dir sagen.

Als der Rosé fast alle war, schlug Matilda vor, nackt schwimmen zu gehen.

»Wir könnten s-swimmen gehen. Mit nix an«, lallte sie.

»Gute Idee«, sagten Lucky und Leo. »Fang du an.«

Und Matilda, das Schaf, zog sich splitterfasernackt aus. Ich wollte sie daran hindern, aber ich hatte, wie gesagt, diverse Probleme mit dem Gleichgewicht.

»Der Kaplan klebt Pappplakate an«, sagte ich nur mahnend, aber Matilda stand auf, wie Gott sie geschaffen hat, und lief federnden Schrittes zum Wasser hinab. Der Mond schien so hell, daß man sie gut sehen konnte.

»Es ist herrlich«, schrie Matilda, als sie bis zu den Hüften im Mittelmeer stand. »Ihr solltet auch kommen.«

»Tauch deinen Kopf ins Wasser«, riet ich ihr, in der Hoffnung, daß sie wieder nüchtern werden würde. Sie sah aus wie eine Nereide oder wie diese Meerjungfrauen heißen, die sich in der griechischen Mythologie tummeln. Das Mondlicht leuchtete auf ihrer bronzefarbenen Haut und brachte die einzelnen Wassertröpfchen zum Glänzen.

»Kommt schon, ihr Schnecken!« schrie die Nereide, aber wir wußten, daß sie mit Schnecken ausschließlich Lucky meinte. Der aber starrte sie nur mit offenem Mund an. Ich würde nicht behaupten, daß ihm der Sabber aus dem Mund tropfte, wenn's nicht wahr wäre, aber es ist wahr. Er tropfte. Trotzdem war es Leo, der sich erhob, sich die Klamotten vom Leib riß und zu Matilda ins Wasser stürzte. Im Mondlicht gaben die beiden zugegebenermaßen ein wunderschönes Paar ab. Aber wenn wir überhaupt noch etwas auf die Reihe kriegten, dann daß diese Paarung die falsche war, und so erhoben wir uns alle fluchend und kamen den beiden nach ins kalte Naß.

Das heißt, alle außer Angie. Sie blieb am Ufer sitzen und murmelte: »Isss mußßß mal.«

Zu meiner Schande muß ich gestehen, daß Franziska mich beinahe tragen mußte und daß das Wasser nichts an meinem Zustand änderte. Trotzdem aber bekam ich einiges mit:

Obwohl Peggy ihn hartnäckig umkreiste, schaffte Leo es, sowohl meine Beine als auch andere Körperteile von mir in unzüchtiger Weise zu berühren, meistens unter Wasser.

Auch Franziska zuckte ein paarmal zusammen und holte zu einer Ohrfeige aus, wenn Leo in ihrer Nähe herumschwamm.

Lucky zuckte ebenfalls zusammen, als Matilda sich ganz nereidenmäßig an ihn heranschlängelte. Was sie unter Wasser mit ihm anstellte, weiß ich nicht, aber definitiv trat er danach die Flucht aus dem Wasser an. Er zog sich die komplette Schutzbekleidung an, einschließlich der Socken, die er bis zu den Kniekehlen hochzerrte. Jeder anderen wäre spätestens bei diesem Anblick der Appetit vergangen, aber Matilda ist da völlig unempfindlich. Sie setzte ihren Frontalangriff auch an Land fort, ließ sich von Lucky den Rücken abrubbeln. Lucky wurde immer unruhiger. Es lag ganz klar auf der Hand, daß er Angst hatte. Sechzig Frauen, hahaha, daß ich nicht lache. Vielleicht, wenn er die mitzählte, die ihm mal die Hand geschüttelt hatten. Aber Matilda gab nicht auf. Irgendwann verschwand sie mit Lucky in seinem Jeep.

Überhaupt schienen alle um mich herum zu verschwinden und wieder aufzutauchen. Sie waren zwar nicht mehr im Vollbesitz ihrer Sprechfähigkeit, aber ich beneidete sie um ihre motorische Mobilität. Alle außer mir konnten sich fortbewegen, am Strand langschlendern, im Gebüsch verschwinden, Nachlaufen spielen oder zu Madonnas sanften Vollmondklängen dancen.

Ich muß dann vorübergehend eingeschlafen sein. Wie lange ich schlief, weiß ich nicht. Als ich aufwachte, war das Feuer heruntergebrannt, und Peggy lag neben mir und schlief ebenfalls. Benedikt und Ollie tanzten einen innigen Blues zu »Take a bow«, und Lucky saß auf der Kühlerhaube seines Jeeps und sah ihnen mit zusammengekniffenen Augen zu. Seine Socken waren verrutscht, und die Rauchringe, die er blies, eigenartig verzerrt. Von den anderen war keine Spur zu sehen. Ich versuchte mich zu erheben, und siehe da, es klappte wieder, wenn auch nicht ganz so gut wie nüchtern. Ich suchte meine Kamera und schoß ein paar Fotos von

Ollie und Benedikt und der schlafenden Peggy und eins von Lucky mit heruntergerutschten Socken. Der Mond schien immer noch hell, aber durch das Objektiv war ich sozusagen blind. Ich konnte immer nur hoffen, meine Motive auch exakt im Bild zu haben. Nur für die Sekundenbruchteile, in der der Blitz alles in helles Licht tauchte, konnte ich deutlich sehen, was ich da fotografierte.

Etwas weiter den Strand herunter traf ich auf Franziska und Matilda. Matilda hatte wieder gebadet und lag nun auf dem Rücken im Kies und kicherte vor sich hin.

»Du holst dir den Tod. Warum lachst du dabei?« wollte ich wissen.

»Weil dieser Lucky so ein komischer Kerl ist«, sagte Matilda. »So einer ist mir echt noch nie begegnet. Ich will ja nicht behaupten, daß alle Männer gleich sind, aber es gibt Situationen, da reagieren sie zumindest alle gleich.«

»Immerhin waren seine Socken verrutscht«, gab ich zu bedenken. Ha, hatte ich doch gleich gewußt, daß der impotent ist!

»Gerade als wir so richtig schön loslegen wollten, rappelte er sich auf und lief laut Stopp«, erzählte Matilda. »Dann hat er sich einen abgestottert, von wegen, er wisse, worauf das hinauslaufe, das habe er schon hundertmal erlebt.«

»Sechzig mal, dachte ich«, sagte Franziska. Sie war dabei, mit großen runden, orangeschimmernden Kieseln in mannsgroßen Buchstaben das Wort *Cornelius* zu bilden. Auf den dunkelgrünen Steinen sah es wunderschön aus, selbst im Mondlicht.

Matilda grinste. »Na, und?« sagte ich und küßte an seinem Ohrläppchen herum. »Nix na und«, rief Lucky und schubste mich grob von sich weg. Das müssen wir jetzt erst mal ausdiskutieren. Ich dachte, ich werd' nicht mehr. Solche Worte aus dem Mund eines Nahkämpfers! Frauen, sagte er, wollten doch immer nur das eine und das sei eine feste Beziehung. Niemals könnten sie Sex von dieser Vorstellung trennen. »Ich schon«, sagte ich, aber das konnte Lucky jetzt gar nicht vertragen. »Das sagst du doch nur so«, jammerte er. »In echt heißt es dann doch wieder, jetzt bist du mir gegenüber verpflichtet, weil wir miteinander geschlafen haben.« – »Aber nein«, beteuerte ich, »nicht, wenn wir Kondome benutzen.« »Soll das heißen, du willst keine Beziehung mit mir?« fragte Lucky, und ich schwor, daß ich nur für diese einzige Nacht Interesse an ihm hätte. Und was soll ich euch sagen? Das paßte ihm jetzt auch wieder nicht. Daß Männer One-Night-Stands mögen, das fand er ja okay, aber Frauen haben gefälligst anders zu sein. One-Night-Stands seien wider die weibliche Natur. Jetzt war ich natürlich schwer verwirrt. »Hör mal, du Trantüte«, sagte ich zu ihm, »erst regst du dich auf, weil du denkst, ich wolle mehr von dir als Sex, und wenn ich nicht mehr will, hältst du mich für unnatürlich – bist du eigentlich noch ganz dicht?« Und darauf er, ja also, wenn ich denn wirklich nur Sex wolle und ihn ganz sicher nicht mit dem ganzen Beziehungskram belabern würde, dann könne er sich schon vorstellen, mit mir ins Bett zu gehen. Aber nicht mehr heute, da sei er jetzt nicht mehr in Stimmung für.

»Ach du liebe Güte«, rief ich aus. »Und du hoffentlich auch nicht. Nie mehr.«

Matilda lachte. »Das zu Ende zu bringen gebietet mir die reine Neugier. Jetzt will ich auch noch wissen, wie er so ist!«

»Ich auch«, sagte Franziska. Sie war schon beim Buchstaben U angekommen. »Wenigstens Secondhand.«

Ich warf ihr einen warnenden Blick zu, und da sagte sie: »Man gönnt sich ja sonst nichts.«

»Morgen passiert's dann jedenfalls«, meinte Matilda. »So wahr ich hier liege.«

Jetzt weißt Du's also. Dieses Fangotal ist zugegebenermaßen ein herrlicher Ort für solche Vorhaben, ich werde aufpassen müssen, wann die beiden in einem kleinen verschwiegenen Becken verschwinden ...

Aber zum Schluß noch das Allerschärfste: Als ich auf dem Rückweg ins Lager zwecks Pipimachen einen kleinen Abstecher ins Gebüsch machte, hörte ich dort Stimmen im Dunkeln wispern. Leise wie ein Mäuschen schlich ich mich näher. Und Du glaubst niemals, was ich sah: Angie und Leo in inniger Umarmung! Geistesgegenwärtig zückte ich meinen Fotoapparat und drückte zweimal ab. Ja, voll erwischt! Du hättest ihre Gesichter sehen sollen!

Heute morgen kam Angie dann zu mir und sah mich mit ihrem Klein-Mädchen-Lächeln an, das sie nur an besonderen Tagen aufsetzt.

»Was willst du?« fragte ich unfreundlich.

»Ich war ganz schön betrunken gestern nacht«, sagte sie.

»Du meinst, so betrunken, daß du nicht mehr wußtest, daß Leo der Freund deiner Schwester ist?«

»Du sagst ihr doch nichts davon?«

»Nö«, sagte ich. »Ich warte, bis die Bilder entwickelt sind. Die sagen mehr als tausend Worte.«

Angie wurde kreidebleich unter ihrer Sonnenbräune. »Und wenn ich dir den Film abkaufe?«

Bestechung! Ja, kann man es glauben?

»Wieviel?« fragte ich interessehalber.

»Fünfzig Mark?«

»Sagen wir hundert, deinen Walkman und das restliche Nutella«, schlug ich vor. Ich wollte nur schauen, wie weit sie gehen würde.

»Einverstanden«, sagte sie tatsächlich.

Ich zeigte ihr einen Vogel, und sie zog mit hängenden Schultern ab. Leo kam dann ein paar Minuten später und bot mir zweihundert Mark sowie Anteile an seinem Motorrad. Wenn ich nicht eine Dame vom Scheitel bis zur Sohle wäre, hätte ich ihn vors Schienbein getreten. Ehrlich!

Es wird jedenfalls höchste Zeit, daß jemand Peggy mal aufklärt. Allerdings möchte ich nicht der Bote sein. Man denke nur, was mit Hiob passierte, als er die Hiobsbotschaft überbrachte.

Aber wenn ich es nicht tue, wer sollte es dann tun?

Viele Küsse, Dein Hiob

9. 🙰

Porto, 10. August

Noch stand der Vollmond blaß am hellen Sommerhimmel und sah ganz harmlos aus. Linda war ganz aus dem Häuschen, daß Sonne und Mond zur gleichen Zeit sichtbar waren.

»Ich dachte, der Mond scheint nur in der Nacht«, vertraute sie Cornelius an.

»Da kannst du mal sehen«, erwiderte Cornelius matt. Er hatte sich längst an Lindas eigenartige Erkenntnisse gewöhnt. Erst gestern hatte sie ihr Erstaunen darüber geäußert, daß Feigen an Bäumen wuchsen und ganz anders aussahen als die getrockneten zu Hause.

»Da vorne ist eine Telefonzelle. Wir versuchen es noch einmal.«

»Es hat keinen Zweck«, seufzte Linda. »Sie wollen mich nicht mehr.«

»Linda, das liegt vielleicht daran, daß du immer sehr merkwürdige Dinge sagst. Was sollte dein Vater denn damit anfangen, als du ihm mitgeteilt hast, daß es hier nur eine Sorte Brot gibt?«

»Ich wollte, daß er das weiß. Er ist schließlich Bäcker.«

»Aber darum geht es doch gar nicht. Du mußt dich entschuldigen und nach einer Lösung suchen, wie du wieder nach Hause kommst. Wenn du deine Eltern immer nach dem ersten Satz dazu bringst aufzulegen, wird das nie was.«

»Sie legen nicht nach meinem ersten Satz auf, zuerst sagen sie selber noch einen«, sagte Linda und schniefte. »Daß ich nicht mehr nach Hause zu kommen brauche, solange ich mit diesem Typ zusammen bin.«

Cornelius war versucht, sich mit der Hand vor die Stirn zu schlagen. »Dann sagst du ihnen eben jetzt als erstes, daß das nicht mehr der Fall ist. Daß er dich sitzenlassen hat und du nicht weißt, wie du nach Hause kommen sollst!«

Sitzenlassen! Zu spät merkte Cornelius, daß er das schlimme Wort ausgesprochen hatte, bei dem Linda regelmäßig in Tränen ausbrach. Das tat sie auch dieses Mal. Und wie immer begann daraufhin der Monolog über ihre Figurprobleme.

»Er hat mich nur sitzenlassen, weil ich so dick bin«, schluchzte sie. »Und meine Mutter sagt, das liegt bei uns in der Familie und wird nur noch schlimmer, je älter man wird.«

Cornelius beschloß, ein kleines Experiment zu wagen und dem Monolog eine dialogische Wende zu geben. »Ich finde, du bist schon etwas dünner geworden«, sagte er.

Es war wie ein Wunder. Lindas Tränen versiegten auf der Stelle. »Meinst du ehrlich?«

Ganz ehrlich konnte Cornelius es nicht behaupten, sie kannten sich erst drei Tage, und Linda trug immer wallende T-Shirts und weite Shorts. Aber in der ganzen Zeit hatte sie nur Pfirsiche und frische Feigen gegessen und viel getrunken. Sie mußte einfach abgenommen haben, wenn sie's nicht mit der Schilddrüse hatte. »Ja, ganz ehrlich.«

»Ich wollte, wir hätten eine Waage«, rief Linda aufgeregt. »Vor den Ferien wog ich zweiundachtzig Kilo. Was meinst du, wieviel es jetzt sind?«

»Schwer zu sagen.« Cornelius parkte den Wagen neben der Telefonzelle und drückte Linda die Telefonkarte – es war bereits die zweite – in die Hand. »Komm, Linda, versuch's noch einmal.«

»Hat doch keinen Zweck.« Linda machte sofort wieder ein entmutigtes Gesicht.

»Und wenn ich mal mit ihnen rede?«

Was hatte er da gesagt? Cornelius fand nicht zum ersten Mal in diesen Tagen, daß er eine kräftige Ohrfeige verdient hatte. Tatsächlich aber wurde sein Vorschlag mit einem strahlenden Lächeln belohnt.

»Das würdest du tun? O Cornelius, du bist ja soooooo lieb.«

»Ich weiß«, seufzte Cornelius. Was man nicht alles tat, um Linda wieder loszuwerden. Entschlossen wählte er die Nummer von Lindas Eltern.

Da Sonntag war, hatte er ihren Vater am Apparat, und der klang eigentlich ganz verständnisvoll, als er ihm in knappen Worten Lindas Misere schilderte.

»Und was haben Sie damit zu tun?« wollte er wissen.

»Naja, ich habe das Kind aufgelesen, als es völlig aufgelöst an der Straße stand«, sagte Cornelius wahrheitsgemäß, um dann etwas freier fortzufahren: »Linda redet nur von Ihnen und davon, wie gerne sie wieder nach Hause käme. Was den Urlaub angeht – bis Ende des

Jahres würde sie keinen mehr nehmen.«

Der Vater war zu Tränen gerührt. Er bot umgehend an, Geld an das nächstgelegene Postamt zu überweisen, damit Linda einen Rückflug bezahlen konnte.

Cornelius seufzte. »Das müssen Sie nicht. Ich habe meine Eurocard dabei, Geld ist kein Problem. Wenn Linda nur wieder nach Hause kommen kann.«

»Natürlich«, rief der Vater. »Hier ist sie immer willkommen, ganz gleich, was sie angestellt hat.«

»Wunderbar«, freute sich Cornelius. »Dann setze ich sie in den nächsten Bus nach Bastia, und von dort nimmt sie den erstbesten Flieger nach Hause.«

Er machte eine Pause und sah auf die aufgeregt vor der Zelle auf und ab hopsende Linda. Nein, es war ausgeschlossen, sie allein zu lassen. Irgendwo zwischen hier und Bastia würde sie wieder in Schwierigkeiten geraten und bestenfalls mit dem nächstbesten Typ abhauen. Außerdem war es um diese Jahreszeit fast ausgeschlossen, einen freien Platz im Flugzeug zu ergattern.

»Warten Sie, ich denke, das mit dem Fliegen müssen wir erst mal vergessen«, sagte er zu Lindas Vater. »Ich hoffe, hier auf Freunde zu treffen, die könnten Linda dann mit dem Auto zurücknehmen. Aber ich verspreche Ihnen, daß sie auf jeden Fall wohlbehalten zu Hause ankommt.«

»Sie sind ein guter Mensch«, erkannte der Mann im fernen Deutschland weise. »Unsere Linda kann von Glück sagen, daß sie an Sie geraten ist.«

»Ich weiß«, erwiderte Cornelius.

»Sagen Sie Linda, daß wir sie lieben. Und wenn Sie wieder in Deutschland sind, kommen Sie uns mal besuchen. Einen Mann wie Sie möchte ich gerne mal kennenlernen. Aber ich gehe doch recht in der Annahme, daß Sie Linda nur in Freundschaft verbunden sind?«

»Ja, in sehr platonischer Freundschaft!«

Der Vater seufzte. »Linda gerät immer an den Falschen.«

»Kaufen Sie ihr einfach einen Hund«, riet Cornelius noch, bevor er erschöpft den Hörer auflegte.

Linda war außer sich vor Freude, als sie vom Ergebnis des Gesprächs hörte. »Meinst du echt, die lieben mich? Nach allem, was ich getan habe?«

»So schlimm war es auch wieder nicht«, sagte Cornelius.

»Doch. Ich habe Geld aus der Kasse genommen, um den Urlaub zu bezahlen.«

Cornelius starrte sie an. »Naja, jedenfalls haben sie dir das verziehen.«

»Das ist toll.« Linda strahlte. »*Du* bist toll. Echt, so was hat noch niemand für mich getan. Alle anderen Typen haben mir immer nur Schwierigkeiten gemacht. Du bist der erste, der meine Probleme löst!«

»Ja, ja«, sagte Cornelius und dachte an seine eigenen Probleme, die noch kein bißchen gelöst waren. Nächstes Wochenende ging sein Rückflug, und er hatte bis jetzt nicht mal eine Spur von Franziska gefunden. Sie hatten alle Campingplätze zwischen Ajaccio und Porto abgeklappert, und angeblich hatte keiner die fünf Mädchen und eine unbestimmte Anzahl Jungs gesehen. Und das, obwohl er wirklich detektivische Arbeit geleistet hatte. Einmal hatte er sogar seinen Bibliotheksausweis vorgezeigt, um Einblick in die Anmeldelisten eines

Campingplatzes zu bekommen. Der Typ hatte daraufhin geglaubt, er sei ein professioneller Ermittler und ihm sogar einen Cognac spendiert. Aber Franziska und die anderen waren nicht dort gewesen. Was, wenn sie ihre Drohung wahrgemacht hatten und nur wild zelteten? Dann würde er sie niemals finden. Er seufzte abgrundtief.

Linda hatte sofort Mitleid in den Augen.

»Du, deine Freundin finden wir schon noch«, sagte sie tröstend. Obwohl sie viel lieber mit ihm allein geblieben wäre. Er war ja so was von süß. Und so hübsch. Jochen war ein Nichts dagegen, ein Dreck. Diese süßen braunen Locken, die schönen Augen, die sanfte Stimme – und dann dieser durchtrainierte Körper, Linda hatte gar nicht den Blick von ihm wenden können, als sie ihn das erste Mal in der Badehose gesehen hatte. Neben ihm allerdings kam sie sich doppelt dick vor. Seine Freundin war eine von diesen gertenschlanken Mädchen, sie hatte sich lange das Foto von ihr angeschaut, das Cornelius in seiner Brieftasche trug. So hübsche, große Augen und schöne, glänzende dunkle Haare, nicht so verzottelte gefärbte Locken, wie sie hatte.

Linda faßte sich an den Kopf. Ihre Haare waren nur rot, weil Jochen auf Rothaarige stand. Das sei rassig, hatte er gesagt, und rothaarige Frauen seien besser im Bett. Nur ihm zuliebe hatte sie zu dieser Farbe gegriffen. »Rotbuche« hatte auf der Packung gestanden, aber passender wäre »Möhrenrot« gewesen. Und jetzt wuchs es wieder dunkel nach, es sah schrecklich aus. Dagegen mußte sie auf der Stelle etwas unternehmen.

Sie sah Cornelius von der Seite an. »Können wir mal am Supermarkt halten? Ich brauche ganz dringend was Bestimmtes.«

»Klar«, sagte Cornelius. Er fragte nicht, was sie so dringend brauchte, wahrscheinlich dachte er an etwas Intimes, das nur Frauen etwas angeht.

Linda stürzte in den Supermarkt und kaufte eine neue Haartönung. Da sie kein Französisch konnte, verstand sie auch nicht, was darauf geschrieben stand, aber die Haare der Frau auf der Packung waren dunkelbraun, so wie ihre vor der Färbeaktion. Und so würden sie auch wieder werden. Linda freute sich.

Am nächsten Campingplatz wurden sie unerwartet fündig. Zwar konnte der Campingplatzbetreiber sich nicht daran erinnern, Franziska und ihre Freundinnen jemals gesehen zu haben, und es gab auch keinen bekannten Namen unter den Eintragungen der letzten Wochen, aber gerade als Cornelius das Foto unverrichteterdinge wieder wegpacken wollte, sagte von hinten jemand: »Die kenne mer doch!«

Cornelius drehte sich überrascht um.

Ein sommersprossiger Typ hatte ihm über die Schulter gesehen und zeigte jetzt auf das Foto. »Des isch die Gundula!«

»Gisela«, verbesserte ein anderer Typ, der danebenstand.

»Sie heißt Franziska«, sagte Cornelius und begutachtete die beiden mißtrauisch.

»Sagt sie«, meinte der eine von ihnen. »Aber isch glaub ja, sie weiß selber nisch genau, wie sie heißt.«

»Und die anderen auch nicht«, setzte der andere hinzu. »Aber vielleicht ist das bei den Mormonen so.«

Cornelius runzelte die Stirn. »Kennt ihr sie jetzt oder nicht?«

»Klaro, Mann«, sagte der Sommersprossige. »Und wie! Sie ist unterwegs mit vier Freundinnen, eine davon ist taubstumm. Die anderen sind ganz scharfe Schüsse. Eine kleine Rothaarige, eine Blonde mit super Beinen und dann die Lange mit dem Igelkopf. Klasse Weiber, alles.«

»Das sind sie tatsächlich«, rief Cornelius aufgeregt. »Wo habt ihr sie das letzte Mal gesehen?«

»Das war unten in Piana, vor ein paar Tagen. Da hatten sie ihre Verlobten dabei. Ein Mormone, der kannte sogar Henri Maske.«

»Verlobte? Maske?« Cornelius beschloß, die beiden Idioten in der Campingbar zu einem Bier einzuladen. Sicher wußten sie einiges zu berichten.

Linda wollte in der Zeit duschen. Sie verschwand mit ihrer Haartönung in Richtung Waschräume.

»Aber nicht, daß du ohne mich weiterfährst«, sagte sie besorgt.

»Keine Angst«, versicherte Cornelius und zog mit den beiden Hessen in die Bar.

»Also, ich bin der Cornelius«, sagte er, nachdem das Bier bestellt war. »Ein Freund von den Mädels.«

»Und wir sind Harald und Pädder«, sagten die beiden Typen. »Die scheinen echt viele Freunde zu haben. Merkwürdige Kerle. Die Rothaarige hatte einen Rothaarigen zum Freund, der mit einem anderen Kerl Händchen hielt.«

Ollie und Benedikt, schloß Cornelius scharfsinnig. Wunderbar, die waren also auch dabei. »Und Franziska? Ich meine Gisela, also, ähm, die vom Foto eben?«

»Gudrun«, verbesserte Harald. »Also, die war mit dem Mormonenboxer zusammen, so einem stämmigen Kerl mit Schnauzbart. Der hat es gut. Der ist gleich mit zwei Frauen verlobt. Und der hatte auch zu sagen, das sah man deutlich.«

»Aha«, sagte Cornelius leicht verwirrt. Harald und Pädder schienen ein wenig zu viel Sonne abbekommen zu haben. »Wißt ihr denn, wo die hingefahren sind?«

»Ja«, sagte Harald. »Die wollten wild campen im Wald von Galeria. Hat der Boxer gesagt. Eigentlich gibt es da nur wenige Stellen, wo man nicht erwischt wird. Ich wüßte schon, wo der meinte. Der Pädder und ich, wir kennen uns hier aus.«

Cornelius sah sie durchdringend an. Sonnenstich hin oder her – die beiden waren seine einzige Hoffnung. »Und könntet ihr mir auch erklären, wo genau das sein könnte?«

»Klaro, Mann«, sagte Harald hilfsbereit. »Ich hol mal 'ne Karte aus dem Auto, da ist jeder Feldweg drauf.«

»Mensch, das war vielleicht ein Glück, daß wie die zwei getroffen haben«, sagte Cornelius begeistert, als er wieder mit Linda im Auto saß.

»Ja«, stimmte Linda zu.

Harald und Peter waren wirklich nett gewesen, auch wenn sie lauter wirres Zeug geredet hatten, von zugenähten Zelten und Pina Colada und Margarine auf dem Lenkrad. An tausend anderen Einzelheiten hatte Cornelius aber erkannt, daß sie tatsäc[illegible] Franziska, Matilda und Caroline sprachen, [illegible] gleich, wie sehr sie auch die Wahrheit verwirrte[illegible] und wie eigenartig die Namen waren, die sie ihnen gaben.

Vor lauter Dankbarkeit hatte er Harald, Peter und Linda zum Abendessen in die Campingplatzpizzeria eingeladen. Linda hatte sehr nett ausgesehen, mit frisch getöntem dunklem Haar und einem sauberen hellgrünen T-Shirt.

»Das ist mein letztes«, hatte sie gesagt. »Wie sehe ich aus?«

»Ganz toll«, hatte Cornelius in seiner Euphorie geantwortet. »Das braune Haar sieht viel natürlicher aus.«

Linda hatte beglückt den Kopf an seine Schulter gelehnt.

»Ist das deine Freundin?« hatte Harald gefragt, und Cornelius hatte schon verneinen wollen, als er Lindas angespannten Gesichtsausdruck bemerkte. Ein »Nein« würde sie zutiefst kränken. Und bei Harald und Peter war es ja nicht weiter wichtig, wer seine Freundin war.

»Ja, das ist sie«, hatte er gesagt und Linda einen Arm um die Schulter gelegt.

Wie wenig manche Menschen doch glücklich machen konnte! Linda war richtig benommen vor Glück. Als dann auch noch aus dem Nichts ein riesenhafter, ziemlich häßlicher Hund auftauchte und sich zu ihren Füßen niederlegte, als würde er zu ihr gehören, war ihr Glück vollkommen.

»Gott, ist der süß!« hatte sie immer wieder ausgerufen.

»Ist das Ihrer?« hatte der Pizzabäcker schließlich gefragt und dann erzählt, daß der Hund seit einigen Tagen über den Campingplatz schleiche und niemand wisse, wem er gehöre.

»Morgen bringe ich ihn zu den Hundefängern in der Stadt«, sagte er noch. »Dort werden die Viecher eingeschläfert. Es gibt einfach zu viele davon.«

Linda waren vor Mitleid die Augen übergequollen.

»Um Gottes willen«, hatte sie ausgerufen. »Doch nicht so einen süßen Kerl. Das können Sie doch nicht tun.« Mit großen, bittenden Augen hatte sie Cornelius angeschaut. »Wir nehmen ihn mit, nicht wahr, Cornelius? Das tun wir doch, oder? Wir retten das kleine Hundchen! Sieh doch nur, wie niedlich er ist.«

Cornelius hatte von Lindas rundem Gesicht in das verknautschte Hundegesicht geschaut und geseufzt.

»Von mir aus«, hatte er schließlich gesagt. Auf einen Streuner mehr oder weniger kam es jetzt auch nicht mehr an.

Linda war ihm um den Hals gefallen und hatte dann prompt drei Viertel ihrer Pizza an den Hund verfüttert.

»Hat sowieso zu viele Kalorien für mich«, hatte sie fröhlich gesagt. In der Abendsonne, das frischgewaschene Haar lockig und duftig um ihr Gesicht gekämmt, hatte sie beinahe hübsch ausgesehen. Cornelius hatte nicht anders gekonnt, er hatte sie anlächeln müssen.

Irgendwie war sie ja schon süß. Jetzt saß sie neben ihm und strahlte mit dem Vollmond um die Wette. Der Hund lag auf der Rückbank und schlief.

»Das war der schönste Abend meines Lebens«, seufzte Linda. »Echt!«

»Ja«, sagte Cornelius leicht verlegen.

»Und du bist sowieso der Beste«, fuhr Linda fort.

»Du bist auch nicht übel«, sagte Cornelius freundschaftlich.

Er wollte heute nacht unbedingt noch etwas vorwärtskommen, vielleicht sogar schon den einen oder anderen Platz abklappern, den Harald und Pädder ihnen auf der Karte gezeigt hatten.

»Du, Cornelius?«

»Hm?«

»Wenn du deine Freundin nicht hättest ...« Linda stockte.

»Was dann?«

»Könntest du dir dann vorstellen – also rein theoretisch ...?«

»Was, Linda?«

»Daß du dann – also, daß du dich auch in mich verlieben könntest?«

Cornelius seufzte. Nein, das war völlig ausgeschlossen. Linda war einfach nicht sein Typ, in gar keiner Beziehung. Nicht nur, weil sie sich mit Marzipanschnecken und Streuselkuchen rund und dick gefuttert hatte, sondern weil sie einfach zu naiv war. Und im direkten Vergleich mit Franziska, der wunderschönen, patenten, schlagfertigen Franziska, kam sie nun mal leider sehr schlecht weg. Aber die Ärmste hatte eine Stärkung ihres Selbstwertgefühls dringend nötig. Also war eine Lüge an dieser Stelle kein Verstoß gegen seine moralischen Grundsätze.

»Du bist ein ganz tolles Mädchen«, sagte er warm. »Wirklich, Linda, wenn ich Franziska nicht hätte, dann würdest du mir ganz schön zu schaffen machen.«

Linda kicherte erfreut. »Echt?«

»Echt.«

»Meinst du denn, ich treffe mal jemanden, der genauso denkt wie du?«

»Ganz sicher. Und jetzt schlaf ein bißchen. Ich wecke dich dann, wenn wir da sind.«

»Gute Nacht«, sagte Linda. Bevor sie sich zusammenrollte, drehte sie sich noch einmal zu dem schlafenden Hund um.

»Gute Nacht, Winnetou«, sagte sie. »Wir beide haben es wirklich gut.«

Und Winnetou, wieder mit einem neuen Namen bedacht, stöhnte im Schlaf.

10.

Auf dem Weg nach Calvi
11. August

Matilda fühlte sich wie einer dieser Zirkusclowns, die sich zu ganz vielen in ein winziges Auto quetschen und hinterher wieder daraus hervorkommen, ohne sich etwas gebrochen zu haben. Neben ihr saßen Benedikt, Franziska und Caroline, aneinandergepreßt wie Sardinen in der Dose, hinter ihnen türmte sich das Gepäck.

Peggy hatte es gut, sie saß vorne, lediglich ihr Fußraum war mit Gaskocher und der Gasflasche verbaut. Und Ollie, der Glückliche, durfte fahren. Matilda wischte sich den Schweiß von der Stirn. Angie, das kleine Luder, saß jetzt bei Leo und Lucky im Jeep. Sie hatte ganz einfach gewartet, bis alles Gepäck eingeladen war, und dann gesagt, daß sie mal müsse. Als sie endlich zurückkam, hatten sich bereits alle in den Kombi gequetscht, und Lucky hatte bestimmt, daß Angie bei Leo auf dem Schoß mitfahren solle. Das hatte sie sich natürlich nicht zweimal sagen lassen.

Peggy, die dumme Nuß, hatte ihre Schwester nur bewundernd angelächelt, wie sie da grinsend wie ein Honigkuchenpferd auf ihrem Freund thronte, und gesagt: »Sieht sie nicht süß aus?«

Nun ja, süß ist ein relativer Begriff.

Ärgerlich rieb sich Matilda über die Nase. Die letzte Nacht hätte eigentlich die Nacht aller Nächte sein müssen, dann wäre sie jetzt sicher besser gelaunt. Ein Feuerwerk von Leidenschaft und animalischer Erotik. Aber es war eher eine Nacht voller Enttäuschungen und animalischer Schweißfußsocken gewesen.

Manche Männer bleiben eben besser ungetestet, dachte Matilda. Wenn man es unbedingt wissen will, muß man auch damit rechnen, überhaupt kein gutes Haar an ihnen zu finden.

Selber schuld! Nach dem Wortclinch in seinem Jeep in der Nacht davor hätte sie es eigentlich schon ahnen müssen. Er war eine absolute Null im Bett. Oder vielmehr im Gebüsch. Dabei war es so ein romantisches Fleckchen Erde. Weiches Moos, umgeben von lichten Bäumen und ein murmelndes Bächlein gleich daneben, der Mond immer noch voll und rund – gab es schönere Voraussetzungen? Jedenfalls hatten die nichts genutzt.

Mit Schaudern erinnerte Matilda sich an Luckys Küsse. Ekelhaft, dieser Nikotingeschmack. Sie hatte die ganze Zeit an den Belag auf seinen Zähnen denken müssen. Und wie lange er gebraucht hatte, das Kondom überzustreifen. Matilda hätte um ein Haar ihr Prinzip gebrochen, beim ersten Mal niemals zu zeigen, wie geschickt sie damit umgehen konnte. Was danach kam, war dann noch dilettantischer. Wenigstens war es in Rekordzeit vorbei gewesen.

Es war wirklich unerträglich heiß im Wagen. Matilda war sich nicht sicher, ob der Schweiß, der ihr an den Beinen herablief, ihr eigener war oder der von Franziska.

»Ist es noch weit?« fragte sie laut.

»Halbe Stunde noch«, rief Ollie über seine Schulter und bremste, damit Luckys waghalsiges Überholmanöver ihm nicht zum Verhängnis wurde. Leo und Angie winkten ihnen zu, als sie an ihnen vorbeiflitzten.

Voller Neid auf Angies luftige Mitfahrgelegenheit sagte Matilda laut: »Biest!«

Franziska neben ihr stieß ihr den Ellbogen in die Rippen. »Was denn? Ich hab' mich gar nicht bewegt!«

»Ich meine ja nicht dich. Ich meine Angie. Die sitzt jetzt im luftigen Jeep und pfeift sich eins.«

»Also, ich wollte da nicht mitfahren«, ließ sich Caroline vernehmen. »Wo doch die Türen ausgehängt sind! Ich hätte ständig Angst, in einer Kurve einfach rauszufallen. Und meinetwegen würde Lucky nicht mal anhalten.«

»Angie ist sicher glücklich, weil sie bei Leo auf dem Schoß sitzen darf«, meinte Matilda. »Wenn ihr mich fragt, will sie was von dem!«

»Wenn ihr mich fragt, hat sie es schon bekommen«, sagte Caroline. »Ich habe sogar ein Foto davon! Wenn ich in der Dunkelheit nicht völlig danebengehalten habe!«

»Wie meinst du das, sie hat es schon bekommen?« erkundigte sich Franziska, nachdem sie sich mit einem Blick davon überzeugt hatte, daß Peggy nichts von dem Gespräch auf der Rückbank mitbekam. Sie hatte das Fenster heruntergedreht, und der Fahrtwind mußte in ihren Ohren rauschen wie ein Wasserfall.

»Ich habe gesehen, wie die beiden sich gestern nacht geküßt haben«, sagte Caroline.

»Gestern nacht? Du meinst, in der Vollmondnacht? Das ist ausgeschlossen. Da hat sich Leo noch an mich herangemacht«, behauptete Franziska.

»An dich auch?« Matilda grinste.

Caroline starrte von einer zur anderen. »Ist es denn die Möglichkeit? Mich hat er auch schon ziemlich angegraben, schon in Corte damals.«

»Tja, der läßt eben nichts anbrennen«, sagte Matilda. »Ich hätte im Prinzip gar nichts dagegen gehabt, aber ich wollte mich nun mal auf Lucky konzentrieren.«

»Hast du ja wohl auch«, seufzte Caroline. »Ich weiß, daß ihr es getan habt, gestern am Fangobach. Ich sah euch im Gebüsch verschwinden, und ich sah euch wieder hervorkommen. Nach ziemlich kurzer Zeit, aber von Lucky hätte ich ohnehin nicht mehr erwartet.«

»Habt ihr es echt getan?« Franziska schüttelte den Kopf. »Und ich hab' wieder mal nichts mitbekommen! Wie war's denn?«

»Eine Gentlefrau genießt und schweigt«, sagte Matilda und verschränkte die Arme vor der Brust. Nach einer kurzen Pause setzte sie hinzu: »Allerdings kann von Genuß hier keine Rede sein.«

Franziska und Caroline kicherten so laut, daß Benedikt aufwachte.

»Was gibt es denn hier zu lachen?«

Matilda lächelte ihn an. »Wie gesagt, ich bin eine Gentlefrau. Aber wenn ihr etwas Gras drüberwachsen laßt, dann haben wir echt lustigen Gesprächsstoff für den langen verregneten Herbst.«

»In so kurzer Zeit so viel Gesprächsstoff?«

»Ich kann euch nur sagen: Weniger ist oft mehr«, meinte Matilda. »Aber das mit Leo ist echt ein dicker Hund. Hat er dich auch angemacht, Beni?«

»Mich? Um Himmels willen, der ist doch so was von hetero!«

»Aber uns hat er allesamt angegrabscht«, sagte Caroline mit gedämpfter Stimme und einem verstohlenen Blick zu Peggy nach vorne. Aber die hörte immer noch nichts.

»Schlimmer als das Grabschen finde ich, was er immer sagt«, meinte Franziska. »Daß er nur noch aus Gewohnheit mit Peggy zusammen wäre und so was.«

»Zu mir hat er gesagt, sie sei frigide und er zur Untreue quasi gezwungen«, setzte Matilda hinzu.

»Gut, daß wir ihm alle die kalte Schulter gezeigt haben«, sagte Franziska.

»Alle außer Angie«, sagte Caroline. »Ich hab' die beiden angeblitzt in jener Nacht, und da hatte er eindeutig die Hand unter ihrem T-Shirt.«

»Jemand sollte mal dringend mit Peggy sprechen«, meinte Franziska. »Das sind wir ihr schuldig.«

»Ich weiß«, seufzte Caroline. »Aber sag du mal deiner Freundin, daß ihre eigene Schwester sie mit dem Freund hintergeht, der wiederum überall rumerzählt, sie sei frigide.«

»Ja, das könnte schwierig werden. Angie und Leo sind die beiden Menschen, die Peggy am meisten verehrt«, meinte auch Benedikt.

»Trotzdem müssen ihr die Augen geöffnet werden«, sagte Franziska. »Wenn Cornelius mich betrügen würde, dann wollte ich es schließlich nicht als letzte erfahren.«

»Von mir aus rede ich mit ihr«, erbot sich Matilda. »Ich mag Peggy nicht besonders, da kann sie von meiner Seite keine falsche Schonung erwarten.«

Calvi war die bisher größte Stadt, die sie besichtigten, von Bastia einmal abgesehen. Sie lag sehr idyllisch auf einem Sporn, die hellen Häuser und die rot gedeckten Dächer leuchteten weithin. Von nahem sah man dann, warum sie den Namen »Stadt« verdiente. Viel Verkehr, jede Menge Touristen, Bars und Restaurants.

»Endlich wieder unter den Lebenden«, rief Matilda aus. »Wie konnten wir uns nur so lange in der Einöde verstecken?«

»Ich will auf jeden Fall den Yachthafen ansehen«, meinte Peggy. »Und dann will ich in einem der vielen Bistros sitzen und Pastis trinken.«

»Und an den Abgasen ersticken«, meinte Franziska hustend. »Nach so viel reiner, frischer Luft fällt das richtig auf.«

»Ach was, die Abgase gehören hier mit zur Atmosphäre.«

»Dies ist eine geschichtsträchtige Stadt«, sagte Caroline lehrerinnenhaft. »Und berühmt! Ihr werdet niemals glauben, wer hier geboren ist.«

»Napoleon«, tippte Leo phantasielos.

»Sophia Loren? Jean Paul Belmondo?«

Caroline schüttelte den Kopf. »Columbus!«

»Niemals«, sagte Franziska. »Der war doch Spanier.«

»Doch, es steht in meinem Reiseführer. Der Beweis ist ein Schriftstück, das Columbus verfaßte. Normalerweise schrieb er in Spanisch oder Lateinisch, aber dieses Schriftstück sei in einem so grauenhaften Italienisch verfaßt, daß es nur von einem Korsen stammen könne. Glaubt es, oder glaubt es nicht.«

Ollie hatte ebenfalls in Carolines Reiseführer geblättert. »Ich will auf jeden Fall die Zitadelle sehen.«

»Och nööö, nicht diese Touristenkacke«, sagte Lucky erwartungsgemäß.

»Das Beste wird sein, wir trennen uns, und jeder schaut sich das an, was er sehen möchte. Dann treffen wir uns heute abend zum Essen wieder«, schlug Franziska vor.

»Gute Idee, dann gehe ich mit Peggy zum Yachthafen und schaue mir die Millionäre an«, meinte Matilda und warf Franziska und Caroline einen vielsagenden Blick zu.

»Kommst du mit uns, Angie?« fragte Peggy sogleich.

»Ich weiß nicht«, sagte Angie.

»Und du Leo?«

»Ich seh' mir lieber die Zitadelle an, und dann nehme ich ein kühles Bier«, erwiderte Leo.

»Ich will auch lieber die Zitadelle sehen«, sagte Angie.

Caroline beschloß, ihnen ein bißchen den Spaß zu verderben. »Ich komme mit euch«, sagte sie. »Vielleicht kann ich unterwegs noch ein paar schöne Fotos schießen.«

Leo und Angie schwiegen betreten.

»Vergiß aber nicht, deine Nase einzucremen«, sagte Peggy noch. Dann stiefelte sie mit Matilda los.

Ollie legte einen Arm um Benedikts Schulter, den anderen um Franziskas. »Wißt ihr, was ich gerade gelesen habe?«

Die beiden schüttelten die Köpfe.

»Ihr werdet niemals erraten, wer hier sein Auge verloren hat?«

»Karl Dall?«

»Nein, ihr Dummen, Lord Nelson!«

»Ich wußte gar nicht, daß der nur ein Auge hatte!«

Matilda fand nicht den richtigen Einstieg, um Peggy schonend beizubringen, daß ihre kleine Schwester eine Kröte und ihr Freund ein Mistkäfer war. Gemeinsam sahen sie sich die herrlichen Segelyachten an, die hier festgemacht hatten.

»Ich würde ja für mein Leben gern mal auf so einer Yacht segeln«, seufzte Peggy.

»Ja, die da wäre nicht schlecht«, meinte Matilda und zeigte auf ein schneeweißes Boot. »Princess, das ist ein romantischer Name.«

»Oder sieh mal die da.« Peggy deutete auf ein glänzendes Mahagonischiff. Zwei junge, braungebrannte Männer waren dabei, es seeklar zu machen.

Matilda betrachtete die kunstvoll geschnitzte Holzreling und pfiff durch die Zähne. »Was das gekostet hat! Von dem Geld könnte man für den Rest seiner Tage sorgenfrei leben.«

»Die Jungs sehen auch nicht schlecht aus«, meinte Peggy.

»Daß du überhaupt noch Augen für einen anderen Mann als Leo hast!«

»Ich bin ja schließlich nicht blind!«

»Na ja.« Das war jetzt ein guter Aufhänger. Aber gerade als Matilda loslegen wollte, rief einer der beiden braungebrannten Skipper etwas auf italienisch zu ihnen herüber.

»Was hat er gesagt?«

»Ob wir Lust auf einen kleinen Törn hätten«, übersetzte Matilda.

»Klar haben wir Lust«, sagte Peggy. »Aber nicht mit zwei wildfremden Italienern.«

»Auf diesem absoluten Traumboot! Das sind sicher die Eigner, denn so ein Schiff verleiht man nicht! Wetten, unter Deck ist alles aus Mahagoni, Kristall und Marmor?«

Die beiden Männer lehnten jetzt über der Reling und lächelten, daß ihre schneeweißen Zähne in der Sonne blitzten.

»O mein Gott, führe mich nicht in Versuchung«, flüsterte Peggy. »Die sehen ja zum Anbeißen aus. Sicher echte Millionäre. Frag mal, wo es denn hingehen soll!«

Matilda fragte auf englisch, und der eine der Männer antwortete gebrochen in der gleichen Sprache. »Nach Girolata, und dann weiter nach Sardinien.«

»Schade«, sagte Matilda auf englisch, »denn wir müssen heute abend wieder hier sein.«

»Warum sprichst du englisch mit denen«, wollte Peggy wissen. »Du bist doch schließlich eine Italienerin.«

»Ja und? Das müssen die Typen doch nicht gleich wissen«, meinte Matilda.

»From Germany?« erkundigten sich die beiden Italiener.

»Si, si«, sagte Peggy eifrig.

Die beiden sahen sich an und besprachen etwas, das sie nicht verstehen konnten. Dann erklärten sie auf englisch, daß sie einen Abstecher nach Girolata machen und die beiden Mädchen anschließend zurück nach Calvi bringen könnten.

»Really?« fragte Peggy und sah das Boot voller Verlangen an. »Oh, sieh doch nur, Matilda, die Segel sind nicht weiß, sondern dunkelblau! Ist das nicht wahnsinnig toll?«

»Die beiden machen irgendwie einen merkwürdigen Eindruck«, sagte Matilda. »Ich schätze, wir bleiben besser auf festem Boden.«

Mit leisem Bedauern schlenderten sie weiter. Die beiden Italiener winkten ihnen lachend hinterher.

»Das Boot heißt *Maria Magdalena*«, sagte Peggy noch. »Auf einem Boot mit einem so frommen Namen hätte uns gar nichts passieren können.«

Matilda erinnerte sich an ihre Aufklärungsmission. Schließlich war sie ja nicht zum Vergnügen mit Peggy unterwegs.

»Tja, Männer«, begann sie erneut. »Manche sind nicht das, was sie zu sein vorgeben.«

»Wie meinst du das?« fragte Peggy.

»Die Frage ist nicht, wie ich das meine, sondern *wen* ich meine.«

»Und wen meinst du?«

In diesem Augenblick krachte eine Hand auf ihre Schulter nieder, und eine laute Stimme brüllte: »Hallöle!«

Peggy und Matilda fuhren herum. »Peter! Harald! Das darf doch nicht wahr sein!«

»Da staunt ihr aber, was?« Peter und Harald strahlten über das ganze Gesicht. »Wir haben aber auch ein Glück!«

»Und wir erst«, murmelte Matilda.

»Was machen wir denn jetzt?« fragte Harald. »Oh, ich weiß, wir laden euch zwei Hübschen zu einer Pina Colada da vorne im Restaurant ein. Wir sind euch immer noch eine schuldig.«

»Tja«, sagte Peggy und hob bedauernd die Schultern. »Das ist ja echt eine Spitzenidee, aber leider haben wir schon was anderes vor. Einen Segeltörn nämlich.«

»Ja, genau«, fiel Matilda ein. »Die Jungs warten schon auf uns.« Sie zeigte hinter sich auf die *Maria Magdalena*.

»Wow!« Harald und Peter rissen bewundern die Augen auf. »Das ist ja ein Prachtstück. Wem gehört sie?«

»Unseren beiden Cousins«, log Matilda spontan. »Giovanni und Alessandro. Hey, Jungs, wir kommen!«

Auch Peggy fuchtelte wild mit den Armen. Nur weg von Pädder und Harald. Die beiden Cousins lachten ihnen entgegen.

»Come one, girls«, riefen sie fröhlich. »Let's go to Girolata!«

»Yes, here we are«, schrie Peggy und balancierte schon über den kleinen Laufsteg. Der, den sie Giovanni getauft hatte, nahm sie galant in Empfang.

»So long«, sagte Matilda zu Pädder und Harald, die mit offenem Mund staunten. »See you later, Alligator!«

Anmutig folgte sie Peggy an Bord des märchenhaften Schiffes. Zwei Minuten später startete der Motor, und die *Maria Magdalena* steuerte aus dem Yachthafen. Peggy und Matilda lehnten über der geschnitzten Reling und winkten Harald und Pädder zu.

»Wahnsinn, wen die alles kennen«, sagte Harald zu Pädder.

»Und was wohl die Verlobten dazu sagen?«

»Das sind doch Cousins«, meinte Harald. »Das wird schon alles seine Richtigkeit haben.«

»Schade jedenfalls, daß sie so schnell wieder weg sind«, sagte Pädder. »Aber weißt du was, wo die beiden sind, da sind die anderen auch nicht weit. Wenn wir ein bißchen suchen, finden wir sie bestimmt.«

»Au ja«, meinte Pädder und warf einen letzten Blick auf die *Maria Magdalena*. Sie steuerte bereits auf das offene Meer zu.

11.

Calvi, 11. August

Caroline, Franziska, Ollie, Benedikt, Angie und Leo waren den ganzen Tag durch die Festung, die Kirchen und die Fußgängerzone von Calvi geschlendert. Jetzt taten ihnen die Füße weh, und sie sehnten sich nach einer Pause. Im verabredeten Lokal am Quai unten trafen sie auf Lucky, der den Tag rauchringblasend am Strand verbracht hatte.

»Diese Touristenkacke ist nichts für mich«, sagte er. »Ich hab' mir lieber die heißen Puppen angeguckt.«

»Nee, ehrlich?« Caroline konnte es nicht fassen. »An diesem Teutonentouristengrill? Dabei wimmelt es um dich herum nur so von Kultur. Wußtest du, daß Nelson hier sein Auge verloren hat?«

»Wer ist denn Nelson?« fragte Lucky. »Muß man den kennen?«

Alle bestellten sich literweise Getränke. Mit der Essensbestellung wollten sie aber warten, bis Matilda und Peggy zu ihnen stießen. Aber die beiden ließen auf sich warten. Als sie eine halbe Stunde nach der verabredeten Zeit immer noch nicht da waren, begannen sich die Freunde allmählich Sorgen zu machen.

»Vielleicht warten sie in einem anderen Restaurant«, mutmaßte Franziska.

»Ach was«, sagte Benedikt.

Aber als der Zeiger der Uhr immer weiter vorrückte, ging er einmal mit Ollie alle Restaurants am Quai ab. Fehlanzeige! Matilda und Peggy waren nirgendwo zu sehen. Statt dessen tauchten Harald und Peter auf, und die schienen kein bißchen erstaunt, sie hier zu treffen.

»Hier seid ihr also«, sagte Harald lässig. »Wußten wir doch.«

Die anderen glotzten sie verblüfft an.

»Träum' ich, oder wach' ich?« fragte Franziska. Aber Peter und Harald waren grausame Realität.

»Ich hab's ja gesagt! Wo die einen sind, sind auch die anderen nicht weit«, schrie Pädder. »Mensch! Das finde ich vielleicht klasse!«

»Ich find's scheiße«, murmelte Franziska. »Aber mich fragt ja keiner!«

»Die beiden sind unser Schicksal!« konnte Caroline gerade noch hervorbringen, bevor Haralds breite Pranke mit Wucht auf ihrer Schulter landete.

»Was haben wir für ein Glück!« brüllte er. »Und der Mormone ist auch wieder dabei. Alles frisch, Mann?«

Pädder hatte schon zwei Stühle herangezogen und sich krachend auf einem niedergelassen. Harald setzte sich schnell auf den zweiten. »Wir haben auch Freunde von euch getroffen. Eben vor zwei Stunden! Linda und Cornelius. Sie waren völlig aus dem Häuschen, als wir ihnen sagten, daß wir zwei von euch schon hier gesehen haben!«

»Wie bitte?« wiederholte Franziska. Hatte sie es jetzt auch noch mit den Ohren?

»Ja, Cornelius, komischer Name. Aber sonst ganz okay. Hat uns Bier und Pizza ausgegeben. Seine Freundin ist auch okay. Hat ein Faible für arme Tiere, die hat gleich so'n Köter adoptiert. Riesenvieh, der Winnetou. Und die Dietlinde ist mit der Schwarzhaarigen zum Segeln weg. Mit zwei Cousins.«

»Habt ihr 'nen Sonnenstich?« fragte Franziska. Cornelius konnte unmöglich auf Korsika sein. Und schon gar nicht mit Freundin und Hund. Und was hatten sie da von Cousins, Segelbooten und Indianern gebrabbelt?

»Jetzt mal der Reihe nach«, verlangte Ollie. »Ihr habt also Cornelius getroffen? Wo denn?«

»Das erste Mal in Porto«, erzählte Pädder bereitwillig. »Da hat er überall ein Foto von Gisela rumgezeigt. Wir haben ihm gesagt, daß ihr wahrscheinlich in Galeria seid. Da haben sie euch aber wohl verpaßt. Gerade eben sind die beiden uns noch mal über den Weg gelaufen. Und da haben wir ihnen erzählt, daß ihr wahrscheinlich alle hier irgendwo rumhängt.«

»Welche beiden?« fragte Franziska.

»Den Cornelius und seine Freundin, die Linda«, sagte Harald. »Kennste den nicht? Sagt er aber!«

»Nein«, schäumte Franziska. »Ich bin Cornelius' Freundin.«

»Ich denke, du und der Mormone, ihr seid miteinander verlobt«, wandte Harald ein.

Lucky zeigte ihm einen Vogel. »Das wüßte ich aber. Außerdem bin ich katholisch.«

»Jetzt mal der Reihe nach«, verlangte Ollie erneut. »Ihr habt also Cornelius und eine gewisse, noch nicht identifizierte Linda getroffen. Hier in Calvi.«

»Genau!«

»Ausgeschlossen!« rief Franziska.

Ollie hielt ihr den Mund zu. »Und wer ist jetzt mit wem segeln?«

»Ja, die Dietlinde eben und die Schwarzhaarige.« Pädder zweifelte langsam an ihrem Verstand. »Mit ihren Cousins auf einem echt noblen Pott.«

»Wer ist denn Dietlinde?« wollte Leo wissen. Er verstand wieder mal nur Bahnhof.

»Pssst«, fauchte Caroline ihn an. »Dietlinde ist die, die du immer kneifst!«

»Seid ihr sicher?« sagte Benedikt zu Pädder und Harald.

Die beiden nickten ungeduldig. »Klar, Mann, wir haben doch noch mit ihnen gesprochen. Haben ihnen sogar nachgewinkt. In die Bucht von Girolata sollte es gehen.«

Caroline blätterte sofort in ihrem Reiseführer.

»Girolata«, las sie vor. »Ein Dorf ohne Auto, ohne Asphaltstraße. Es ist nur über einen Maultierpfad oder vom Meer her zugänglich. Einmal am Tag wird die Idylle jäh unterbrochen, wenn der Ausflugsdampfer seine Touristenschar ausspuckt. Tagesausflug von Galeria, Porto oder Calvi.«

»Aha«, sagte Ollie. Jetzt glaubte er, alles verstanden zu haben. »Die beiden sind mit dem Ausflugsdampfer unterwegs!«

Pädder schlug sich vor die Stirn. »Nein! Die sind segeln. Mit ihren Cousins. Alessandro und Sowieso. Spaghettifresser! Auf einem supernoblen Holzschiff.«

Die anderen sahen sich an. Langsam, wenn auch in Zeitlupe, fiel der Groschen. Cornelius mit einer fremden Tussi in der Stadt, und Peggy und Matilda unterwegs mit einem fremden Segelschiff – zu unglaublich, um erfunden zu sein.

Nur Leo kapierte immer noch nichts. Er kniff Angie vorsichtig in die Seite.

»Verstehst du, wovon die reden?« fragte er leise.

»Nö«, sagte Angie und kuschelte sich unauffällig an seine Schulter. Sie verstand nur, daß Peggy noch nicht da war und sie sich getrost an ihren Freund ranschmeißen konnte.

Franziska bestellte sich einen Rotwein auf den Schrecken. »Cornelius hier! Das kann ich einfach nicht glauben!«

»Du hast ihn mit deinen Postkarten wahrscheinlich so aufgestachelt, daß er herkommen mußte«, meinte Caroline nachdenklich.

»Aber deshalb muß er sich doch nicht gleich eine neue Freundin anschaffen!«

»Also, das glaub' ich auch nicht«, sagte Caroline und wandte sich wieder an Harald und Pädder. »Wie sieht sie denn aus, diese Linda?«

»Süß«, sagte Harald. »Bißchen rundlich, würd' ich sagen.«

»Man kann auch sagen: dick«, ergänzte Pädder. »Aber sehr nett.«

Franziska bestellte sich gleich noch einen Rotwein.

»Ich bring' ihn um«, knurrte sie.

Ollie und Benedikt machten sich Gedanken über Matilda und Peggy. »Einfach so mit Fremden loszusegeln, das ist ganz schön leichtsinnig.«

»Ja«, stimmte auch Lucky zu. »Typisch Weibsstücke, lassen sich von so 'nem dicken Boot imponieren.«

»Was meinst du, Leo, müssen wir nicht die Polizei verständigen?« fragte Ollie.

Leo aber verstand immer nur noch Bahnhof. »Ja, ähm, vielleicht waren's ja wirklich Cousins von Matilda.«

Franziska tippte sich an die Stirn. »Das wüßte ich aber. Ich bin schließlich Matildas Cousine. Verwandte mit 'nem Segelboot würde ich in jedem Fall kennen.«

»Nee, die Polizei wird uns nicht weiterhelfen. Schließlich sind die beiden volljährig und wissen, was sie tun!«

»Ja, aber wir können doch nicht zulassen, daß sie von zwei wildfremden Italienern entführt werden«, rief Caroline. »Wenn sie heute nacht nicht wieder auftauchen, dann müssen wir einfach zur Polizei gehen. Wißt ihr denn noch, wie das Boot hieß?«

»Nö«, sagte Harald. »Aber ich könnte es ganz genau beschreiben. So'n Boot gibt es nicht so oft.«

»Immerhin etwas.«

»Können wir jetzt mal bestellen, oder was?« Leo stützte seinen Ellbogen auf den Tisch. »Ich hab' Hunger.«

»Herzloser, untreuer Liebhaber«, murmelte Caroline. Sie stieß Angie in die Seite. »Und was ist mit dir? Machst du dir überhaupt keine Sorgen um deine Schwester?«

Angie verzog weinerlich das Gesicht. »Mensch, ich war gerade eingeschlafen.«

»Laß die Maus doch«, sagte Leo zu Caroline. Vorsichtig zog er Angies Kopf wieder an seine Schulter. »War ein anstrengender Tag für sie.«

»Pfui über euch!« sagte Caroline verächtlich.

Franziska neben ihr knurrte wütend. Sie war mit den Gedanken immer noch bei Cornelius. »Wenn ich den zwischen meine Finger kriege.«

»Der kommt bestimmt gleich hier vorbei«, tröstete sie Harald. »Der hat gesagt, er klappert jedes verfluchte Lokal nach euch ab.«

Die Zeit verging quälend langsam. Matilda und Peggy kamen und kamen nicht. Jeder der Wartenden dachte sich die schrecklichsten Räuberpistolen aus, sah die beiden schon vergewaltigt und über Bord geworden im Meer treiben. Peter und Harald hatten den Ernst der Lage inzwischen ebenfalls begriffen und ärgerten sich, daß sie die beiden Mädchen nicht aufgehalten hatten.

»Wenn wir das gewußt hätten«, sagten sie mehrere Male reuevoll.

Selbst Leo wurde langsam unruhig. »Ist ja eigentlich nicht Peggys Art«, sagte er. »Sie hatte mir für heute abend eine Fußreflexzonenmassage versprochen!«

Nur Angie machte einen zufriedenen Eindruck. Selig schlief sie, an Leo gekuschelt, den Schlaf der Ungerechten.

Gegen halb elf kamen dann tatsächlich Cornelius und Linda vorbeigelaufen, genau wie Harald und Peter es prophezeit hatten. Vor ihnen lief ein Hund mit verknautschtem Gesicht, der ihnen allen bekannt vorkam.

»Cornelius!« rief Franziska, und »Hermann!« schrie Caroline, und der Hund hob den Kopf und schnüffelte erstaunt. Dann rannte er zu ihr hin und schob seinen dicken Kopf in Carolines Hand.

»Franziska!« rief Cornelius. Er konnte es nicht fassen. Da stand sie tatsächlich, seine wunderschöne, süße Franziska, hinter einem Tisch des zweitausendunddreißigsten Restaurants, das er durchsucht hatte. Sie rannte um den Tisch herum auf ihn zu. Froh breitete er seine Arme aus.

Aber Franziska dachte gar nicht daran, sich hineinzustürzen. Sie baute sich vor ihm auf und holte weit aus. Cornelius hatte ihre Vorhand an der Wange, noch ehe er klar denken konnte.

»Daß du dich nicht schämst!« rief sie aus.

Cornelius wußte nicht, wie ihm geschehen war. Linda neben ihm griff erschrocken nach seinem Arm.

»Laß ihn los«, zischte Franziska sie an, so feindselig, daß der Hund sich von Caroline losmachte, um sich beschützend vor Linda zu stellen.

»Das ist echt Hermann«, rief Franziska. »Also wirklich! Erst klaust du unseren Hund, und dann auch noch meinen Mann!«

Außer sich vor Zorn griff sie nach Carolines Cola light und goß sie Linda über das T-Shirt, ehe es jemand verhindern konnte.

Linda sah immer noch sehr erschrocken drein. Ihre Unterlippe begann zu beben.

»Das ist mein letztes sauberes T-Shirt gewesen, und das ist Winnetou, nicht Hermann«, rief sie. »Und der sollte eingeschläfert werden!«

»*Du* solltest eingeschläfert werden«, fauchte Franziska und wandte sich wieder Cornelius zu. »Und du auch! Was soll das! Kaum ist man mal ein paar Wochen weg, fängst du was mit so einer an.«

»Entschuldige mal«, unterbrach sie Cornelius, wieder bei Besinnung, und packte sie an einem Arm. »Wir zwei machen jetzt einen Spaziergang, und du hörst zur Abwechslung mal mir zu.«

Franziska klappte den Mund zu. Sie hatte vergessen, was sie gerade hatte sagen wollen. Aber dann flackerte ihre Wut erneut auf.

»Kümmert euch bitte um Linda«, bat Cornelius nämlich die anderen und streichelte im Vorbeigehen über deren Pausbacken.

Franziska biß ihn, so fest sie konnte, in den Oberarm.

»Jetzt reicht es aber!« Cornelius schüttelte sie zornig und zerrte sie ein Stück die Hafenpromenade entlang. »Bist du von allen guten Geistern verlassen?«

»Ich?« spuckte Franziska. »Ich? Wer von uns beiden macht denn vor den Augen aller mit einer anderen rum? Bin ich das etwa?«

»Franziska, jetzt reiß dich aber mal am Riemen! Als ob ich was mit der Linda hätte, also wirklich!«

»Nicht?« Franziska schaute verunsichert zu ihm auf. »Aber Pädder und Harald haben gesagt, sie sei deine Freundin!«

»Pädder und Harald haben mir noch ganz andere Sachen über dich erzählt. Wenn ich die alle geglaubt hätte, dann könnte ich dich jetzt mit Fug und Recht erwürgen.«

»Aber du hast sie gestreichelt!« Franziska wollte noch nicht aufgeben.

»Ja, habe ich. Sie ist ein verwirrtes Kind mit einer Menge Minderwertigkeitskomplexe. Schlimm genug, daß du ihr Cola über das T-Shirt gegossen hast.« Cornelius sah sie streng an. »Freust du dich denn kein bißchen, daß ich hier bin?«

Franziska starrte ihn durch einen Tränenschleier an. »Doch«, schluchzte sie und warf sich an seine Brust. »Ich freu' mich ganz schrecklich.«

Cornelius ließ sie eine Weile in sein T-Shirt heulen. Dann hob er ihr Kinn an und küßte sie auf die Lippen.

»Bin ich froh, daß ich euch endlich gefunden habe«, seufzte er. »Also ehrlich, das war die sprichwörtliche Nadel im Heuhaufen. Wenn Harald und Peter nicht gewesen wären – ich wäre euch nie auf die Spur gekommen.«

»Ich werde nie wieder was Böses über die beiden sagen. Ich hab' dich ja so vermißt«, beteuerte Franziska.

»Ich weiß«, erwiderte Cornelius. »Deshalb bin ich ja hier. Ich hatte so komische Träume, in denen du in einem reißenden Fluß ertrankst.«

Trotz der Sommerwärme lief Franziska ein Schauder über den Rücken. »Nein, ehrlich? Das ist aber merkwürdig.«

»Wieso? Bist du in so einem Fluß geschwommen?«

»Nein, aber ich habe auch davon geträumt. Und niemand wollte mich retten.« Das war wirklich sehr, sehr seltsam. »Außer Caroline«, setzte Franziska der Gerechtigkeit halber noch hinzu. »Aber sie konnte auch nicht schwimmen. Es war schrecklich.«

»Na, jetzt bin ich ja da. Falls du in einen Fluß fällst, werde ich dich retten.«

»Und von Mund zu Mund beatmen?«

»Das kannst du auch jetzt schon haben.« Cornelius setzte zu erneuten Küssen an.

»Ach, Cornelius«, flüsterte Franziska atemlos. »Das ist der helle Wahnsinn. Ich habe mir so oft gewünscht, du wärst hier.«

»Ich weiß«, sagte Cornelius. »In Galeria an einem einsamen Strandstück, da fand ich meinen Namen aus Steinen auf den Strand geschrieben. Einen besseren Beweis für deine Liebe kann ich mir nicht vorstellen.«

»Woher willst du wissen, daß ich das war? Corneliusse gibt es doch wie Sand am Meer«, meinte Franziska.

»Oh, wenn das so ist.« Cornelius lachte. »Ich kenne dich, Franziska. Immer wenn ich zu romantisch werde, hast du Angst, ich könnte dich fragen, ob du mich heiraten willst.«

»Wolltest du?«

Cornelius schüttelte den Kopf. »Nö, das hast du mir ein für allemal verleidet. Wenn du geheiratet werden willst, dann mußt du *mir* einen Antrag machen.«

»Darauf kannst du lange warten«, sagte Franziska zärtlich. »Komm, wir gehen zurück zu den anderen. Ich will mich bei dieser armen Linda entschuldigen. Sie soll nicht denken, ich sei immer so unhöflich!«

»Nur noch ein paar Minuten«, bat Cornelius. »Ich will echt nichts Böses über Linda sagen, aber ich bin schon froh, wenn ich sie nicht ständig um mich habe.«

»Meinst du, sie paßt in eines meiner T-Shirts hinein?«

»Wenn du eines in XXL hast«, meinte Cornelius grinsend. »Sag mal, wo sind eigentlich Matilda und Peggy?«

Franziskas Lächeln erlosch. »Das ist eine gute Frage!«

Linda betrachtete das glückliche Paar unten an der Hafenmauer mit gemischten Gefühlen. Einerseits freute sie sich für Cornelius, daß er nun endlich gefunden hatte, was er gesucht hatte. Andererseits waren nun ihre herrlichen gemeinsamen Tage vorbei. Trostsuchend streichelte sie Winnetou, der unter dem Tisch lag, mit der anderen Hand befühlte sie ihr nasses T-Shirt.

»Franziska meint es nicht so«, sagte das rothaarige Mädchen neben ihr freundlich. »Sie war nur schrecklich eifersüchtig.«

»Auf mich?« Linda lächelte fast ein bißchen stolz. »Kann ich mir gar nicht vorstellen.«

Leo hatte den Kopf unter den Tisch gesteckt.

»Das ist tatsächlich der Köter, den ihr in Porto Pollo aufgegabelt habt«, sagte er zu Angie. »Nicht zu fassen.«

»Ja, das ist unser Hermann«, sagte auch Caroline. »Wie habt ihr ihn bloß gefunden?«

Winnetou schmiegte sich leise stöhnend an Lindas Beine.

»Er hat uns gefunden«, sagte Linda. »In Porto auf dem Zeltplatz. Der Mann wollte ihn schon den Hundefängern übergeben.«

»In Porto?« Caroline lachte. »Wie mag er bloß dort hingekommen sein? Das sind doch einige Kilometer! Sicher per Anhalter. Es ist ein kluger Hund.«

»Ich werde ihn behalten«, erklärte Linda. »Meine Eltern wollten mir schon immer einen Hund schenken! Gell, Winnetou, wir beide gehören zusammen.«

Lucky kraulte Hermann-Winnetou hinter den Ohren. »Echt hübscher Kerl«, sagte er, aber dabei sah er Linda an.

»Franziska gibt dir morgen eines von ihren T-Shirts«, sagte Caroline zu ihr. »Sie hat viel zu viele eingepackt.«

Linda strahlte. »Echt?« Es schien sich doch noch alles zum Besten zu entwickeln. Als der Kellner das nächste Mal vorbeikam, bestellte sie eine Cola.

»Eine Cola light.« Mit einem schüchternen Lächeln setzte sie hinzu: »Ich bin nämlich gerade am Abnehmen.«

»Wirklich?« Lucky musterte sie mit echtem Erstaunen. »Das hast du doch gar nicht nötig.«

Linda sah verblüfft zu ihm hinüber. »Meinst du?«

»Absolut«, rief Lucky. »Du siehst doch toll aus, so wie du bist. Ich sag' immer, an 'ner richtigen Frau muß auch richtig was dran sein!«

»Echt?« wiederholte Linda verzückt.

»Klar«, sagte Lucky und sah ihr tief in die Augen.

Caroline registrierte es voller Staunen. »Wunder geschehen jeden Tag«, notierte sie sich in Gedanken. »Und jeder Topf findet seinen Deckel!«

12.

Irgendwo auf dem Mittelmeer,
immer noch 11. August

Gleich vor den Mauern des Yachthafens von Calvi setzten die beiden Italiener die Segel. Sie machten das sehr versiert und schnell, so daß Matilda sich keine Sorgen machte, zu kentern oder zu sinken. Segeln konnten ihre beiden Retter, soviel war mal klar.

Die dunkelblauen Segel sahen prächtig aus, als der Wind hineinfuhr und sie kräftig blähte. Der Motor wurde bald abgestellt, und das Schiff trieb nun allein mit der Kraft des Windes voran. Es legte sich anmutig zur Seite und gewann an Fahrt.

»Toll«, schrie Peggy, begeistert an die Reling geklammert. »Das habe ich mir immer gewünscht. Piratenjenny! Das war mein Lieblingsspiel als Kind!«

Matilda warf einen prüfenden Blick zu ihren beiden Gastgebern hinüber. Sie konnte nur hoffen, daß sie so nett waren, wie sie aussahen. Ansonsten hatten sie jetzt ein ziemliches Problem.

Der, den sie Giovanni getauft hatten, winkte ihnen vom Ruder aus zu. Der andere war noch mit dem Vorsegel beschäftigt. Matilda kletterte vorsichtig zu ihnen in die Plicht, die Vertiefung am Heck, in der sich auch das Steuerrad befand.

»Hi«, sagte sie fröhlich. »My name is Matilda, and the screaming girl there is Peggy.«

»My name is Guiseppe«, sagte der am Steuer, über das ganze braungebrannte Gesicht lächelnd. Guiseppe, das war ja fast wie Giovanni. Matilda registrierte so ganz nebenbei, daß seine dicke Armbanduhr von Cartier war. Die hatten also wirklich Kohle.

Und keiner von ihnen trug einen Ehering. Für ganz kurze Zeit träumte Matilda von einer Doppelhochzeit in Weiß, mit Sophia Loren als Ehrengast – zwei Millionäre zum Greifen nah, das war zu schön, um wahr zu sein.

Der zweite Millionär hatte seine Seilknüpferei beendet und stellte sich ebenfalls vor: »Alberto. Nice to meet you.«

Zu seinem Freund sagte er auf italienisch: »Echt süße Schnecken, die beiden.«

Matilda verstand natürlich jedes Wort, aber sie hatte immer noch nicht vor, sich als Italienerin zu outen. Wer weiß, wofür es noch gut war, die Sprache der beiden zu sprechen. Sie machte ein verständnisloses Gesicht und lächelte, wie eine süße Schnecke eben lächelt.

»Hungry?« erkundigte sich Alberto.

»O ja«, sagte Matilda. Nach der Aufregung wäre eine kleine Stärkung nicht schlecht.

»Champagner?« rief Alberto zu Peggy hinüber. Die ließ augenblicklich die Reling los und kam nach hinten balanciert.

»Champagner? That would be great«, sagte sie entzückt. »Ist es nicht wie im Märchen, Matilda?«

»Ich weiß nicht«, sagte Matilda ehrlich. »Es soll schon vorgekommen sein, daß Mädchen verschwunden und in einem Harem in Nahost wieder aufgetaucht sind.«

Peggy tippte sich an die Stirn. »Spinnst du? Du liest zu viele von diesen Frauenverdummungs-Zeitschriften.«

Alberto kam mit vier Gläsern und einer Flasche Champagner zurück an Deck. Geschickt öffnete er die Flasche und schenkte allen ein.

»Wahnsinn!« kicherte Peggy. »Der Champagner ist echt und eisgekühlt! Und die Gläser sind echt Kristall!«

»Jetzt mach hier mal nicht so sehr einen auf beeindruckte Landpomeranze!« zischte Matilda. »Bißchen mehr Haltung, wenn ich bitten darf!«

»Ja, ja.« Peggy stieß feierlich mit ihren Gastgebern an, zuerst mit Alberto, dann mit Guiseppe, der dabei ganz lässig mit einer Hand weitersteuerte.

Sie leerte das Glas in einem Zug. Dann flüsterte sie Matilda zu, daß alle beide aussähen wie Eros Ramazotti, der helle Wahnsinn! Matilda lächelte die beiden Ramazottis verzeihend an.

»She never was on a sailing ship before«, sagte sie. »Und echten Champagner hat sie auch noch nie getrunken.«

Vom Boot aus betrachtet, sah die Insel wieder ganz anders aus. Peggy und Matilda ließen entzückt ihre Beine über die Bordkante baumeln und die Landschaft an sich vorüberziehen. Alberto und Guiseppe hatten alle Hände voll zu tun, um das Boot zu steuern. Bei den Wendemanövern mußten Matilda und Peggy aufpassen, daß sie nicht im Weg waren. Der Wind stand jetzt so günstig, daß sie einen Kurs nahe an der Küste wählen konnten.

»Sieh mal, da ist unser Strand«, schrie Matilda plötzlich. Richtig, auf dem dunklen Kiesufer leuchtete weithin das Wort *Cornelius* in der Sonne, das Franziska dort in jener denkwürdigen Vollmondnacht gelegt hatte.

Peggy nahm noch einen Schluck Champagner. »Ich fass' es immer noch nicht, daß wir zwei jetzt hier sind, auf diesem Wahnsinnsboot, mit diesen Wahnsinnstypen und echtem Schampus. Die anderen werden vor Neid platzen, wenn wir das erzählen!«

»Gut möglich«, sagte Matilda. »Wenn wir dazu noch die Gelegenheit haben.«

»Hör auf, du alte Unke. Du läßt doch sonst auch nichts anbrennen! Was soll jetzt dieses übertriebene Mißtrauen?«

»Ich hab' kein gutes Gefühl«, sagte Matilda nur.

Peggy drehte sich zu den beiden Seglern um. Sofort schenkten ihr alle zwei ein strahlendes Lächeln.

»Ich laß mir jedenfalls von dir nicht den Tag verderben«, sagte sie.

»Dabei bin ich eigens deswegen mit dir zum Yachthafen gegangen.«

»Um mir den Tag zu verderben?«

»Genau.«

Peggy rekelte sich wohlig in der Sonne. »Das ist dir gründlich gelungen!«

»Warte, ich habe ja nicht mal angefangen! Was würdest du denn sagen, wenn ich dir sage, daß Leo andere Frauen anmacht?«

»Leo?« Peggy sah sie an, als sei Leo ein Wesen von einem anderen Stern. »Welche Frauen soll der denn angemacht haben. Dich vielleicht?«

»Unter anderem.«

»Mein Gott, der flirtet halt gern. Da mache ich doch keine Staatsaffäre draus.«

»Du bist ja echt so blöd, wie ich dich eingeschätzt hatte«, sagte Matilda kopfschüttelnd. »Dein Typ greift jeder weiblichen Person in seinem Umfeld unter den Rock und erzählt, du wärst frigide und langweilig, und er sei überhaupt nur noch aus Mitleid mit dir zusammen. Und du tust, als merkst du nichts, und läßt dich von ihm kneifen und herumkommandieren.«

Peggy setzte sich auf. »Sag mal, hast du'n Sprung in der Schüssel?«

»Die anderen hätten es dir vielleicht schonender beigebracht«, sagte Matilda ungerührt. »Aber das ist nicht meine Art.«

»Hat er echt gesagt, er sei nur noch aus Mitleid mit mir zusammen?« fragte Peggy.

»Ja, nicht nur zu mir. Bei Franziska und Caroline hat er es auch gesagt, als er sie angegraben hat. Was er deinem Schwesterchen gesagt hat, weiß ich nicht.«

»Laß Angie gefälligst aus dem Spiel«, fauchte Peggy. Jetzt sah sie wirklich wütend aus. Sie erhob sich und balancierte nach vorne zum Bug. Dort, in der äußersten Spitze des Bootes, setzte sie sich wieder hin und starrte aufs Wasser.

Matilda ließ sie sitzen. Fürs erste hatte sie genug, worüber sie nachdenken konnte.

»Hungry?« erkundigte sich Guiseppe. Alberto hatte das Ruder übernommen, und sein Freund war ab jetzt für die Verpflegung zuständig.

»I am always hungry«, versicherte Matilda ihm ernsthaft.

Der Golf von Girolata war ein absoluter Traum. Die Bucht war eingefaßt von leuchtendroten, zerklüfteten Felsen, bewachsen von saftiggrüner Macchia, ein malerischer Genuesenturm bewachte das kleine Dorf am Strand – und das Schönste: Die *Maria Magdalena* war das einzige Boot, das in der Bucht ankerte.

Sogar Peggy stimmten diese Umstände fröhlich. Wie gut, daß sie ihre Bikinihosen unter den Klamotten trugen. Und Guiseppe und Alberto schienen nichts dagegen zu haben, daß sie oben ohne badeten. Sie ließen die Badeleiter am Heck herab und servierten Beluga-Kaviar und noch mehr Champagner direkt ans Wasser. Alberto blies einen riesenhaften Gummidelphin auf, auf dem man zu zweit sitzen konnte. Ausgelassen plantschten sie im kristallklaren Naß herum, bis sie nicht mehr konnten.

An Bord wurden sie von den beiden Skippern fürsorglich in dicke, weiche Frotteemäntel gehüllt, auf deren Brusttaschen ein eindrucksvolles Emblem gestickt war.

»Wahnsinn«, flüsterte Peggy. »Wie im Traum.«

»Die Sonne geht schon unter«, sagte Matilda mit gerunzelter Stirn. »It's getting late, boys, I'm afraid, we have to go back to Calvi now.«

Alberto und Guiseppe lachten.

»No problem«, riefen sie.

»Wir werden zu spät kommen«, sagte Peggy fröhlich. »Vielleicht stehen dann die anderen an der Pier und sehen uns ankommen. Auf diesem Wahnsinnsboot!«

Alberto führte sie unter Deck in die Kajüten, wo sie sich umziehen konnten. Das Boot war sehr geräumig. Drei Kajüten und der große Salon, in dem man auch kochen konnte. Am schönsten und hellsten war die Bugkabine. Hier gab es ein riesenhaftes Bett mit feinen sandfarbenen Polstern. Alberto sah Peggys sehnsüchtige Blicke und schlug sogleich vor, daß sie sich hier ausruhen könnten, solange sie wollten.

»Wahnsinn«, sagte Peggy wieder und ließ sich bereitwillig auf das weiche Polster plumpsen. »But don't forget to wake us, when we reach Calvi!« setzte sie kichernd hinzu.

Alberto nickte lächelnd und kletterte zurück an Deck. Dort begannen er und Guiseppe, das Boot klarzumachen.

»Mein Englisch ist echt beschissen, aber er versteht mich«, sagte Peggy und schloß die Augen.

»Das liegt daran, daß sein Englisch noch schlechter ist«, meinte Matilda und folgte Alberto bis an die Tür. Alberto hatte sie hinter sich geschlossen.

»Hast du die Bilder im Salon gesehen?« fragte Peggy. »Ein Monet oder so was. Der war sicher echt.«

»Psssst«, befahl Matilda, das Ohr an die Kajütentür gequetscht. »Jetzt halt mal den Rand.«

Alberto und Guiseppe diskutierten an Deck auf italienisch, aber sie konnte sie kaum verstehen. Vorsichtig öffnete sie die Türe einen Spalt weit und neigte ihren Kopf in den Niedergang. Jetzt hörte sie jedes Wort.

»Wenn der Wind weiter so bläst, sind wir in vier Stunden da, auf gutem Am-Wind-Kurs«, sagte Guiseppe.

»Was machen wir mit den beiden, wenn sie was merken?«

Gelächter. Matilda hielt die Luft an.

»Ach was, die merken schon nichts. Und wenn wir erst in Sardinien sind, dann ist es zu spät.«

Abermals Gelächter. »Und dann kriegen sie ein Schlückchen Champagner, und die Welt ist wieder in Ordnung.«

»Laß uns besser aufbrechen, solange die Schnecken noch unter Deck sind!«

Matilda knirschte mit den Zähnen.

»So ist das also«, murmelte sie und schloß die Tür wieder.

Peggy fühlte verliebt über den flauschigen Bademantel mit aufgesticktem Wappen. »Mann, Wahnsinn, den gebe ich nicht mehr her!«

»Doch, das wirst du, und zwar jetzt auf der Stelle«, sagte Matilda. »Zieh deine Klamotten an, alles bis auf die Schuhe!«

»Hast du einen an der Waffel?« Peggy sah sie böse an. »Ja, das hast du ganz ohne Zweifel!«

»Wir schwimmen!«

»Zurück nach Calvi? Du bist doch nicht ganz gar gebacken!«

»Wir schwimmen an Land«, sagte Matilda. »Auf dem kürzesten Weg. Sonst ist es zu spät!«

»Das ist mindestens ein Kilometer bis an Land.«

Matilda stemmte die Deckenluke nach oben. »Wenn du weiter so trödelst, sind es gleich noch viel mehr. Die beiden lichten gerade den Anker.«

»Klar lichten die den Anker. Wir segeln zurück nach Calvi, hast du das vergessen?« Peggy hielt den Bademantel fest an ihre Brust gedrückt.

»Das denkst auch nur du.« Matilda schob einen Stuhl unter die Luke und steckte ihren Kopf hinaus.

»Du mußt ganz leise sein«, flüsterte sie. »Wenn sie uns hören, sperren sie uns in der Kajüte ein, bis wir in Sardinien sind. Und was sie dort mit uns tun, kann ich nur vermuten! Vielleicht kennen sie einen Mädchenhändler, der einen guten Preis für uns bezahlen will.«

»Du willst mich doch nur verarschen«, sagte Peggy unsicher. »Das denkst du dir nur aus. Genau wie die Sache mit Leo heute mittag!«

»Ich hab's mit eigenen Ohren gehört«, versicherte Matilda. »Wir sind auf dem Weg nach Sardinien.«

Das Boot erbebte sachte. Die Ankerkette wurde mit Getöse eingeholt.

»Es geht los! Binde dir die Schuhe um den Hals«, flüsterte Matilda. »Und beeil dich.«

Peggy starrte fassungslos zu ihr hinauf.

»Wenn du's nicht glaubst, dann bleib halt hier. Ich schicke dir dann die Polizei nach. Vielleicht kommen sie ja noch rechtzeitig«, sagte Matilda und verschwand mit einer einzigen anmutigen Bewegung durch die Luke.

»Warte!« Peggy warf hastig den Bademantel von sich und suchte nach ihren Sachen. Mit flatternden Händen folgte sie Matilda an Deck. »Und jetzt?«

Matilda hatte bereits ein Bein über die Reling gelegt. »Jetzt springen wir.«

Die Sonne war beinahe untergegangen. Weiches, rosafarbenes Licht lag über der ganzen Bucht. Das Ufer sah zum Greifen nahe aus.

»Das mit dem Mädchenhändler hast du doch nur erfunden«, sagte Peggy.

»Ja, aber das mit Sardinien nicht. Und wie wir von da zurückkommen sollen, weiß ich nicht.«

»Hey, girls! What are you doing?« Alberto und Guiseppe hatten sie entdeckt.

»Jumping!« schrie Matilda und ließ ihren Worten gleich die Tat folgen. »Ihr Frauenschänder, ihr!«

Peggy sah entsetzt an der Bordwand hinab. Das waren sicher zwei Meter oder so. Guiseppe packte sie am Arm und zeigte zu Matilda ins Wasser.

»She is crazy, isn't she?«

»Nee, sie ist bloß klug, du kleiner Scheißer«, schrie Matilda von unten herauf. »Und sie will nicht nach Sardinien! Nun mach schon, Peggy, tritt ihm in die Eier und spring!«

»Ich trau' mich nicht!« schrie Peggy.

»Dann bleib halt, wo der Pfeffer wächst«, sagte Matilda, drehte sich um und begann, auf das Ufer zuzukraulen. »Und grüß Sardinien von mir. Soll ja sehr schön sein dort!«

Als Peggy sah, daß sie sich immer weiter vom Boot entfernte, packte sie doch noch die Angst.

»Warte auf mich!« brüllte sie, gab Guiseppe einen kräftigen Schubs und sprang über die Reling, ehe er wußte, wie ihm geschah.

Matilda lachte sie an. »Na also, du Idiotin! Es geht doch!«

Guiseppe und Alberto glotzten ihnen ziemlich blöde hinterher. Matilda brüllte ihnen einen gar nicht enden wollenden Satz auf italienisch zu.

»Was hast du gesagt?«

»Daß sie schon was früher aufstehen müßten, um zwei Schnecken wie uns aufs Kreuz zu legen. Und daß ich ihnen die Bullen auf den Hals schicken würde, wegen Freiheitsberaubung! Und dann habe ich noch gesagt, daß sie nur zwei blöde Angeber seien und sich ihre Bademäntel und Beluga-Kaviar-Scheiße sonstwohin schieben könnten«, gurgelte Matilda hervor. »Und jetzt halt die Klappe, und schwimm um dein Leben!«

Zähneklappernd ließ sich Peggy auf den Sand fallen.

»Folgen sie uns?« keuchte sie.

»Aber nein«, sagte Matilda ruhig. »Sie haben schon den Motor angeschmissen und machen sich aus dem Staub. Wenn du noch einen Blick auf sie werfen möchtest, dann ist das deine letzte Gelegenheit!«

»So ein schönes Schiff«, seufzte Peggy. »Bist du sicher, daß du dich nicht verhört hast?«

»Absolut sicher.« Matilda schüttelte sich das Wasser aus den Ohren.

»Na toll! Bist du bereit für eine weitere Hiobsbotschaft?«

»Aber immer!«

»Ich habe meine Schuhe an Bord vergessen«, jammerte Peggy.

»Du bist ein Schaf«, sagte Matilda.

Tropfnaß humpelten sie zum nächstgelegenen Restaurant. Dort schien man sehr erstaunt, sie zu sehen. Die Wirtin war schon dabei, die Stühle auf die Tische zu stellen. Sie wollte wissen, wo sie so plötzlich herkämen. In einem umständlichen Gemisch aus Englisch, Französisch und Italienisch versuchten sie, der Wirtin ihre Lage auseinanderzusetzen.

»Wann fährt der nächste Bus nach Calvi?« fragte Matilda zum Schluß, und da fing die Wirtin an zu lachen, als habe sie schon lange nicht mehr einen so komischen Witz gehört.

Girolata, erfuhren sie dann, sei ein Ort ohne Straße, und daher auch ohne Busse. Der nächste Weg in die Zivilisation führe über einen Maultierpfad und münde nach etwa zwölf Kilometer auf die Straße nach Galeria. Die Frau empfahl ihnen, mit dem Aufstieg bis zum nächsten Morgen zu warten.

»Das geht nicht«, sagte Peggy. »Die anderen werden sterben vor Sorge, wenn wir nichts möglichst schnell nach Calvi kommen.«

»Wenn du glaubst, du kannst zwölf Kilometer ohne Schuhe durch die Dunkelheit gehen, dann bitte schön«, sagte Matilda, und da gab Peggy sich geschlagen.

»Kann man hier irgendwo übernachten?« fragte sie die Wirtin.

»Haben Sie Geld dabei?« fragte die zurück.

Matilda puhlte ein paar nasse Scheine und eine Dose Beluga-Kaviar aus ihrer Jeanstasche.

»Klar«, sagte sie. »Wir sind für alle Eventualitäten gerüstet.«

Die Wirtin lachte. Dann sagte sie, daß morgen um die Mittagszeit der Ausflugsdampfer aus Calvi hier anlegen würde. Mit dem könnten sie dann bequem nach Calvi zurückreisen.

»Schade«, sagte Matilda. »Ich hatte mich schon so auf einen Muliritt gefreut.«

Der Wirtin war noch etwas eingefallen. »Monsieur Crovani«, rief sie.

»Was ist mit dem?« fragte Matilda.

Monsieur Crovani führe morgen mit seinem Motorboot nach Calvi zum Arzt, sagte die Wirtin. Sicher könne er die beiden mitnehmen.

Peggy und Matilda tauschten einen Blick und schüttelten dann einhellig die Köpfe. »Nein, danke!« sagten sie. Sie würden doch lieber auf den Dampfer warten. Von fremden Männern und ihren Booten hätten sie vorerst genug.

Die Wirtin lächelte und führte sie dann zu ihrem Zimmer. Es war ein richtiges Fremdenzimmer mit allem Drum und Dran.

»Auf diese Weise kommen wir wenigstens mal zu einem richtigen Bett«, sagte Peggy.

Matilda grinste. »Ja, und ich habe alle Zeit der Welt, dir schlimme Dinge über deinen Freund zu erzählen.«

Peggy seufzte.

»Die Wahrheit ist manchmal schwer zu ertragen«, sagte Matilda schonungslos.

Franziska, Cornelius, Benedikt, Ollie, Linda, Peter, Harald, Leo, Lucky, Angie, Caroline und Hermann, der jetzt ja Winnetou hieß, hatten auf dem Parkplatz neben dem Yachthafen genächtigt, mehr schlecht als recht zwischen den Autos auf dem harten Asphalt. Kaum einer von ihnen hatte wirklich geschlafen, außer Angie sahen daher alle ziemlich mitgenommen aus. Angie hatte die ganze Nacht an Leo gekuschelt friedlich geschlafen, und jetzt verlangte sie voller Appetit ein Nutellabrot. Auch Leo äußerte, daß er Hunger habe.

Caroline sah sie voller Widerwillen an. »Ihr beide macht euch wohl überhaupt keine Sorgen um Peggy und Matilda, was?«

»Doch«, sagte Leo. »Aber deshalb wird man ja wohl noch Hunger haben dürfen.«

»Also, ich finde, wir sollten zur Polizei gehen«, sagte Cornelius. Ollie und Benedikt nickten zustimmend.

»Und wenn die beiden einfach nur wahnsinnig Spaß haben auf dem tollen Segelboot?« fragte Lucky. »Ich meine, man weiß doch, wie Weibsbilder so sind – Geld imponiert denen doch total.«

»Mir nicht«, sagte Linda. »Ich find's wichtiger, daß ein Mann stark ist!«

Lucky schenkte ihr einen anerkennenden Blick und krempelte unauffällig seinen Hemdsärmel hoch bis zum Bizeps.

»Wir warten noch bis Mittag«, bestimmte Cornelius. »Dann gehen wir zur Polizei, egal, was ihr sagt.«

Angie schmiegte sich wieder an Leo und nickte. »Von mir aus warten wir eben.«

Aber sie mußten gar nicht mehr warten. Genau in diesem Moment hob Winnetou-Hermann seinen dicken Kopf und schlug einmal kurz an. Zwischen Luckys Jeep und dem gelben Cabrio von Harald und Peter tauchten Matildas und Peggys Köpfe auf.

»Voilà«, sagten sie lachend.

Die anderen musterten sie ein paar Sekunden sprachlos. Die Verschollenen sahen erholt aus, die Wangen von der frischen Meeresluft gerötet, durch den ungewohnten Schlaf auf Matratzenbetten insgesamt sehr entspannt. Nur ihre Fußbekleidung war ungewöhnlich. Peggy trug die linke, Matilda die rechte von ihren Sandaletten, sie hatten sie schwesterlich geteilt.

Am frühen Morgen waren sie das Risiko eingegangen, mit Monsieur Crovani auf einem Boot zu reisen, als sie nämlich entdeckt hatten, daß es sich bei diesem Monseiru um ein uraltes, vertrocknetes Männlein handelte.

»Den schubse ich auch noch ohne deine Hilfe von Bord«, hatte Peggy zu Matilda gesagt. »Los komm, laß uns mit ihm fahren.«

Die Wirtin hatte sie zum Abschied innig umarmt und ihnen nachgewinkt, bis sie außer Sicht waren. Matilda hatte ihr die Dose Beluga-Kaviar zum Dank für ihre Hilfsbereitschaft geschenkt und alle ihre nassen Franc-Scheine.

»Zweimal Bootfahren in zwei Tagen«, hatte Peggy gesagt. »Das ist doch gar nicht übel!«

Monsieur Crovani hatte einen flotten Fahrstil an den Tag gelegt. Das Motorboot war bedeutend schneller als der Segler am Tag zuvor, und so kam es, daß sie noch vor zehn Uhr in Calvi an Land hatten gehen können.

Monsieur Crovani hatte zum Abschied sein lückenhaftes Gebiß entblößt.

»Sicher geht er zum Zahnarzt«, hatte Peggy Matilda zugeflüstert, und dann waren sie losgerannt, so schnell es mit nur einem Schuh möglich war, um ihre Freunde zu finden.

Sie staunten nicht schlecht, als sie sahen, daß Cornelius auch da war. Und Harald und Peter und ihr gelbes Cabrio! Und Hermann, der Hund aus Porto Pollo!

Eine nicht enden wollende Massenumarmung begann, eine Unzahl von Fragen mußten beantwortet werden, und dabei flossen nicht wenige Tränen.

Schließlich setzten sich alle zum Frühstücken nieder, und Caroline konnte sich nicht verkneifen, zu bemerken: »Da seid ihr also wieder, ihr Abenteurerinnen! Gerade rechtzeitig, um Leo und Angie die Frühstücksbrote zu schmieren.«

Peggy nickte. »Ja, so sieht's aus.«

Wieselflink hatte sie zwei Scheiben mit der Schokoladencreme bestrichen. Franziska und Caroline sahen besorgt zu Matilda hinüber, aber die zwinkerte ihnen vergnügt zu.

Peggy legte die Brotscheiben flach auf ihre Handflächen. Mit Schwung klebte sie die eine Schnitte Leo auf die Wange, die andere klatschte sie Angie mitten ins Gesicht.

»Und das ist erst der Anfang«, sagte sie.

13.

Algajola, 18. August

Lieber Fabian!

Meine Psychologiestudie an lebenden Objekten geht nun langsam dem Ende zu, und ich weiß nicht, was ich schöner finde: das Ende einer unmöglichen Beziehung oder den Beginn einer unmöglichen Beziehung. Beides konnte man hier hautnah miterleben.

Vorgestern hat Peggy ihre ganzen schönen Filme voller Fotos von Leo im Abendsonnenlicht zerstört. Sie hat sie aus der Filmdose gerollt und die so entstehenden Negativgirlanden um Leos wunderbares Motorrad drapiert! Ich sage ja, wenn Wut sich endlich Bahn bricht, ist sie ein äußerst kreatives Gefühl!

Immer wenn Leo versuchte, mit Peggy zu reden, vertrieb sie ihn mit einer Menge unfeiner Ausdrücke. Sie wurde auch noch ein- oder zweimal handgreiflich. Das erste Mal, als er sie bat, ihm einen Knopf anzunähen. Das heißt, »bitten« ist nicht der richtige Ausdruck.

»Der Knopf ist ab«, sagte er und hielt ihr das Hemd hin.

»Was hat das mit mir zu tun?« fragte Peggy.

»Du nähst mir immer meine Knöpfe an«, sagte Leo. Es klang vorwurfsvoll.

»Jetzt nicht mehr, du minderbemittelter Stinker«, sagte Peggy. Mit dem Daumen wies sie auf Angie. »Frag deine neue Schlampe!«

Aber Angie konnte die Knöpfe natürlich nicht annähen. Das macht nämlich immer – na, was meinst du wohl? – Peggy für sie. Und überhaupt schien sie mit der Situation völlig überfordert. Zwei Tage schon mußte sie sich ihre Nutellabrote ohne fremde Hilfe schmieren. Und niemand erinnerte sie daran, daß es Zeit war, eine Calciumtablette zu nehmen. Jetzt brach sie dann auch prompt in Tränen aus.

»Ich bin keine Schlampe«, schluchzte sie.

Leo schien nicht ihrer Meinung zu sein.

»Wenn du noch nicht mal einen Knopf annähen kannst«, sagte er. Er und Angie sind keinesfalls ein glückliches Paar, sie sind einfach nicht kompatibel. Aber das hätten sie sich schließlich vorher überlegen können.

»Was mache ich denn jetzt mit meinem Hemd?« jammerte Leo, und Angie schluchzte herzzerreißend.

Da nahm Peggy Leo das Hemd aus der Hand, und ehe er an einen Gesinnungswechsel glauben konnte, hatte sie die anderen Knöpfe auch noch abgerissen. Einmal richtig in Schwung, zerfetzte sie das ganze Hemd. Leo zog es vor zu verschwinden. Dabei hatte Peggy sein Problem wieder mal kreativ gelöst. Das Knöpfeannähen hatte sich jedenfalls erledigt.

»Es tut mir leid«, schluchzte Angie mit demütig gesenktem Kopf.

Peggy riß einen Ärmel von Leos Hemd und ließ sich zu einem kleinen Lächeln herab.

»Na ja, er war sowieso nicht der Richtige«, sagte sie und reichte Angie den Hemdsärmel zum Trocknen ihrer Tränen. Blut ist eben doch dicker als Wasser, sag ich immer.

Diese Geschichte ist jedenfalls zu unser aller Zufriedenheit ausgefallen, auch wenn ich persönlich Angie noch eins mehr auf den Deckel gewünscht hätte. Aber man soll nicht meckern, gestern hat sie zum ersten Mal freiwillig gespült, ohne jede Aufforderung.

Auch Lucky hat sich positiv entwickelt, nachdem alle erkannt hatten, was für eine Pappnase er ist, und ihn das auch haben merken lassen. Matilda hat als einzige etwas länger für diese Einsicht gebraucht als wir anderen. Leider muß ich Dir mitteilen, daß vor der Erkenntnis (Lucky = Pappnase) eine Testphase im Bett stand, oder wie man hier sagen muß, auf der Isomatte. Ja, aber so ist Matilda nun einmal. Wenn sie etwas erforscht, dann immer sehr gründlich.

Etwas Geduld, und sie wird uns sicher Amüsantes darüber erzählen können. Stückchen für Stückchen rückt sie damit heraus. Gestern jedenfalls hat sie schon gesagt, der alte Spruch »Wie die Nase des Mannes, so sein Johannes« hätte sich wieder mal bewahrheitet. Luckys Nase ist ziemlich klein und knubbelig. Eine kleine Himmelfahrtsnase, um genau zu sein. Hahaha! Jedenfalls spricht Matilda in den letzten Tagen auffällig oft von Marc und dem anderen Typ, die zu Hause auf sie warten. Ich schätze, das ist ein gutes Zeichen.

Jedenfalls hat Lucky sich einer wunderlichen Wandlung unterzogen. Das kann allerdings auch daran liegen, daß er ganz plötzlich von der wahren Liebe heimgesucht wurde …

Vorübergehend ist unsere Reisegruppe auf die doppelte Personenzahl angewachsen – die Welt ist ja so klein. Cornelius hatte ein reizendes Mädchen namens Linda mitgebracht, von der man nichts Schlechtes erzählen kann, außer daß sie ein wenig dumm ist. Und ein wenig dick. Aber es gibt Menschen, die mögen es genau so, was vieles erklärt ...

In Calvi trafen wir außerdem auf Pädder und Harald.

Und das allermerkwürdigste: Auch Hermann ist wieder aufgetaucht, der süße Schnüffelhund, von dem ich Dir mehrfach geschrieben habe. Er wird als einziger Hund, der Autostopping beherrscht, in die Geschichte eingehen. Diesmal haben wir ihn nicht allein zurückgelassen, diese Linda hat ihn schon adoptiert. Sie hat Ahnung von Hunden, und sie meint, Hermann sei noch ziemlich jung. Er wird noch viel wachsen, behauptet sie, obwohl man das kaum glauben kann. Er nimmt jetzt schon ziemlich viel Platz weg, und er läßt Linda keinen Moment aus den Augen. Ich schätze, bei ihr wird er in guten Händen sein. Sie sagt, sie habe einen großen Garten, und ihre Eltern wollten ihr schon immer einen Hund anschaffen. Obwohl sie ihn umgetauft hat, mit der Begründung, Hermann klinge ihr zu gewöhnlich. Sie ist eher der romantische Typ, mußt Du wissen, und der gute Hermann heißt jetzt *Winnetou*. (Kein Kommentar!)

Nach turbulenten Tagen in Calvi sind wir alle zusammen weitergefahren, Harald und Pädder, Ollie und Benedikt, Linda und Cornelius, Lucky und Leo, wir fünf Mädchen und Hermann. Dies ist ein sehr schönes Fleckchen Erde in der Nähe eines kleinen Ortes namens

Algajola, wie geschaffen für den harmonischen Ausklang eines weniger harmonischen Urlaubs.

Pädder und Harald sind gar nicht so übel, wenn sie nüchtern sind und wenn man sie besser kennt. Um ehrlich zu sein, sind sie sogar ziemlich nett. Wir waren beinahe traurig, als sie heute morgen abreisen mußten und haben ihnen unsere Adresse gegeben. Vielleicht kommen sie im Herbst nach Köln, damit wir unsere Urlaubsfotos austauschen können. Dann kannst du sie auch mal kennenlernen.

Franziska und Cornelius haben wieder mal eine Krise gemeistert, die eigentlich gar keine war. Augenblicklich turteln sie wieder miteinander herum wie frisch verliebt. Ich schätze, diese Achterbahn von Beziehungstiefs zu Beziehungshochs geht weiter, bis die beiden alt und grau sind.

Linda betrachtete das glückliche Paar anfangs mit Tränen in den Augen, denn sie hatte sich ernsthafte Chancen bei Cornelius ausgerechnet. Aber sie mußte nicht lange Trübsal blasen, Lucky hat sich ihrer angenommen. Ausgesprochen fürsorglich und zuvorkommend ist er zu ihr, mehrmals sah ich ihn ihre Tasse nachfüllen, und ich hörte ihn sagen, er könne nicht verstehen, wie jemand eine Vollblutfrau wie Linda zu verlassen in der Lage wäre. Du hättest ihn mal hören sollen. Er mag Frauen wie sie, sagte er, sie ist wunderschön, sagte er, er mag jedes Speckröllchen an ihr, sagte er, sie sei so richtig was für einen echten Mann wie ihn. Sie blühte richtig auf, kann ich Dir sagen. Mit jedem Tag himmelt sie Lucky mehr an, und das ganz ohne eine Rettungsaktion aus einem reißenden Fluß!

Und gestern, da rasierte sich Lucky den Schnurrbart ab. Für Linda, sagte er, damit es sie beim Küssen nicht so kitzle.

Es ist wie ein Wunder. Vielleicht nur noch eine Nasenkorrektur und ein paar Wachstumshormone – und Lucky sieht am Ende richtig gut aus.

Matilda sagt, er brauche eine Frau, die nicht so viele Vergleiche mit anderen Männern ziehen kann, und eine, die weniger intelligent ist. Bevor ich Linda kannte, hätte ich gesagt, so eine Frau gibt es nicht – höchstens Knäckebrot habe einen niedrigeren IQ als Lucky. Aber man soll nie die Macht des Schicksals unterschätzen.

Peggy war die einzige, die dieses Wunder des Schicksals nicht mit purem Wohlwollen verfolgt hat. Insgeheim hatte sie auf Trost und Zuwendung von Lucky spekuliert. Von ihrem Hang zu Machos ist sie nämlich noch nicht kuriert. Aber jetzt, wo aus Lucky beinahe eine Softie geworden ist, hat sie das Interesse an ihm verloren. Zu Hause werde ich sie Deinem Bruder vorstellen, dem, der zu Karneval als Terminator verkleidet war. Meinst Du nicht, die beiden passen zueinander?

Von diesen kleinen Mißstimmungen mal abgesehen, hat sich alles zum Guten gewendet. Auch Ollie und Benedikt grollen nicht länger über ihre abgebrochene Bergtour. Sie übernehmen freiwillig die Aufgabe der Verpflegung und bereiten uns jeden Tag eine ausgefallene Gaumenfreude.

Dafür schleppen sie eine Menge Francs ins Dorf zu Madame Cecile, die dort einen altmodischen Lebensmittelladen unterhält. Madame Cecile und ihr Laden sind ungefähr zweihundertmal auf unseren Fotos festgehalten. Sie lächelt auf jedem einzelnen Bild so majestätisch und huldvoll, wie es sich für ein matronenhaftes Postkartenmotiv gehört. Und sie kann nicht nur korsisches Obst und Gemüse verkaufen, korsischen Honig und korsische Rohmilchkäse, sondern auch aus der Hand lesen.

Gestern hat sie in meiner Hand gelesen, daß der Mann, für den ich bestimmt wäre, in einem fernen Land weilt. Und daß ich viele Kinder bekommen werde. Jedenfalls habe ich das so verstanden. Meine Sprachkenntnisse in Französisch sind nicht gerade très bien, und Madame Cecile spricht ganz anders als unsere Französischlehrerin. Irgendwie schneller und irgendwie französischer. Wie dem auch sei, es klang mir sehr wahr! Ein ferneres Land als das, in welchem Du weilst, scheint es mir nicht zu geben. Wie sieht es aus, möchtest Du viele Kinder haben? Mir persönlich würden ja zwei reichen, das nur am Rande.

In diesen herrlichen Tagen hatten wir sogar das ganz besondere Vergnügen, einen Traum wahr werden zu lassen, den Traum von der Rettung aus schäumenden Fluten, den Franziska so oft geträumt hatte. In Wirklichkeit fiel er etwas anders aus, aber so ist das wohl mit Träumen, die wahr werden.

Lucky und Leo surften an einem Tag mit wirklich hohen Wellen und Windstärken zwischen vier und fünf. In meinem Reiseführer steht, die kleine Bucht von Algajola sei ein beliebtes Surfrevier, und die vielen Surfer, die an diesem Tag von überall herkamen, hatten das wohl auch gelesen. Na ja, für Leos und Luckys Surfkenntnisse waren die Bedingungen wohl schon eine Spur zu hart. Leo jedenfalls kam ziemlich frustriert an Land zurück. Er hatte zu allem Überfluß einen häßlichen Sonnenbrand an der Schulter, dort, wo er sich einzucremen vergessen hatte.

»Das bist du schuld«, sagte er zu Peggy.

Peggy zeigte ihm zuerst einen Vogel und dann die kalte, in ihrem Fall golden gebräunte Schulter. Wehleidig ließ sich ihr Ex im Sand nieder und untersuchte seine verbrannte Stelle.

»Keiner kümmert sich um mich«, murrte er in Angies Richtung, aber die tat so, als hätte sie ihn nicht gehört. Sie hatte schon genug damit zu tun, sich selber einzucremen. Seit Peggy das nicht mehr für sie tut, hat sie eine ziemlich rote Nase, finde ich, wie eine Runkelrübe.

Die Wellen türmten sich immer höher, es war der reine Spaß, darin zu schwimmen. Durch das steil abfallende Ufer war es eine echte Kunst, wieder aus dem Wasser zu kommen, ohne daß die Brecher einen erwischten. Wenn das passierte, hatte man den Mund voll Sand und Steinen, und das Bikinihöschen hing irgendwo zwischen den Fesseln. Pädder und Harald verschossen einen ganzen Film von diesen Wasserfluchtmanövern.

Der Wind wurde zunehmend stärker, bis schließlich nur noch die absoluten Surfcracks draußen waren – und Lucky. Die anderen flitzten über die Wasseroberfläche und vollführten waghalsige Sprünge, aber Lucky driftete ziel- und planlos dort draußen herum und schien echte Probleme zu haben, das Ufer zu erreichen. Offensichtlich ging es ihm gegen die Soldatenehre, sich einfach auf das Brett zu setzen und zu warten, daß die Wellen ihn irgendwo ans Ufer spülten. Einmal pro Minute wurde er ins Wasser geworfen, unermüdlich krabbelte er wieder aufs Bord und zog das Segel hoch, nur um dann Sekunden später wieder hineinzuplumpsen. Es war ebenso tragisch wie rührend, mit anzusehen, wie er und sein Brett immer näher ans Ufer dümpelten, wo auch die Wellen immer höher und höher wurden.

Und hier geschah es dann, daß er hinabfiel und das Segel auf ihn drauf. Weil sein Kopf zwar wieder auftauchte, aber seine Arme nicht wie gewohnt nach dem Bord griffen, um mit der mitleiderregenden Auf-das-Bord-Klettern-Prozedur zu beginnen, sprangen Franziska und Cornelius ins Wasser und schwammen durch die Brandung zu ihm hin. Der arme Kerl war durch das viele Reinfallen und Rausklettern so groggy, daß er Wadenkrämpfe bekommen hatte, in allen beiden Beinen gleichzeitig. Ein echter Soldat weiß, wenn er verloren hat. Als Franziska und Cornelius bei ihm anlangten, soll er schon leise begonnen haben, »Hilfe, Hilfe!« zu rufen, was er allerdings später bestritt.

Jedenfalls schleppte Cornelius Lucky ganz fachmännisch ans Ufer. (Cornelius ist in der letzten Saison mit seiner Wasserballmannschaft immerhin im Pokalendspiel gewesen! Daß die verloren haben, hat auch auf keinen Fall an ihm gelegen. *Der* kann schwimmen!) Franziska kam mit dem Bord samt Segel hinterher gekrault. Sie war nicht mal außer Atem, als sie am Strand ankam.

Lucky spuckte eine Weile Wasser und sah sehr kleinlaut aus. Und dann sagte er zu Franziska, für eine Frau könne sie verdammt gut schwimmen. Franziska lächelte ihn an.

»Nicht nur schwimmen«, sagte sie, und da lächelte Lucky zurück. Es war das erste Mal, daß ich ihn lächeln sah, und ich muß gestehen, es stand ihm gut zu Gesicht.

Das Meerwasser hatte sein Gehirn nun endgültig weichgespült. Als Linda kam und ihm ein Handtuch um die Schulter hängte, griff er nach ihrer Hand und küßte sie ganz zärtlich. Alle haben es gesehen.

Und dann gingen wir zu unserem Lagerplatz und aßen Spaghetti mit Krabbensahnesoße. Wie gesagt, herrliche Tage! O je, das war das letzte Blatt, und nun ist mein Briefpapier alle.

Einen Tag später, ungefähr Sonnenuntergangszeit

So, Fabi, den Rest der Geschichte schreibe ich Dir von einem richtigen Tisch, allerdings, wie Du siehst, nicht auf richtigem Papier. Es handelt sich um Papiersets des Restaurants, in welchem wir gerade sitzen. Die Rückseite ist leidlich beschreibbar. Auf der Vorderseite siehst Du eine dilettantische Zeichnung der Gartenterrasse, auf der wir sitzen. In Wahrheit ist die Pergola viel fragiler, nicht so plump. Es ist das erste Mal in diesem Urlaub, daß wir essen gehen, ein richtiger Luxus. Und wir sind nur noch zu fünft, nur noch Franziska, Matilda, Peggy und ich und Angie, genauso wie in den allerersten Zeiten auf dieser Insel.

Linda und Lucky sind gestern abend gemeinsam im Jeep losgefahren und haben Hermann – pardon, Winnetou! – mitgenommen. Für Leo und sein Motorrad war da leider kein Platz mehr, ganz gleich, wie sehr er sich beschwerte.

»Wegen dieser hergelaufenen Tussi soll ich mir den Wolf fahren?« rief er empört aus.

Hergelaufene Tussi, das ließ Lucky nicht auf Linda sitzen.

»Noch so'n Spruch, Kieferbruch!« sagte er und war für einen Augenblick wieder ganz der alte.

Leo sagte nichts mehr. Heute morgen mußte er wohl oder übel mutterseelenallein auf seinem heißen Ofen abschieben. Er wird sich vermutlich auf der langen Fahrt tatsächlich einen Wolf sitzen, und ich finde, den hätte er abschließend auch noch verdient. Weder Angie noch Peggy winkten ihm hinterher. Und durch Peggys Filmgirlandenkunstwerk bleibt ihm nicht mal ein Erinnerungsfoto an diesen denkwürdigen Inselaufenthalt.

Cornelius, Ollie und Benedikt sind mit demselben Flieger zurück nach Deutschland. Das war ein praktischer Zufall, so konnten alle zusammen mit Cornelius' Mietwagen nach Bastia fahren. Franziska wäre wohl am liebsten mitgeflogen, aber der Armen steht noch eine ganze Woche Ferien bevor. Hoffentlich ohne weitere Zwischenfälle. Wir wollen noch hinauf ans Cap Corse, und auf der Rückfahrt durch Österreich einen Zwischenstopp auf dem Stubaigletscher einlegen. Unsere Urlaubsbräune und meine Sommersprossen werden sich vorteilhaft vom ewigen Schnee abheben.

Du wirst niemals glauben, was der Kellner da gerade bringt. Fünf Pizzen, vier mit allem, was das Herz begehrt, und eine ohne alles, sogar ohne Käse – für Angie.

Nichts Besonderes, meinst Du? Von wegen!

Die Pizzen sind nicht rund wie auf den Tellern der anderen Gäste hier – sie sind eindeutig herzförmig! Die anderen Gäste gucken auch dementsprechend neidisch, und wir wünschen uns eine Million Zeugen für dieses denkwürdige Ereignis.

Matilda geniert sich nicht mal, zum Fotografieren der Meisterwerke auf ihren Stuhl zu klettern. Der Pizzabäcker freut sich. Er sieht sehr niedlich aus, hoffentlich hat Matilda auch ihn fotografiert. Der Kellner sagt soeben, er sei sein Bruder. Franziska vermutet, es könnte ein Zwillingsbruder sein, sie haben beide türkisfarbene Augen. So wie das Wasser hier in der Bucht.

Wir sitzen hier, wie gesagt, auf einer Terrasse hoch über dem Meer, unter einer Pergola, die von Bourjordings, Bo-egal, jedenfalls von diesem pinkfarbenen blühenden Zeug umrankt ist, und alles sieht so schön aus. Ich wünschte, Du könntest es Dir anschauen.

Soeben betritt der Besitzer der Pizzeria die Terrasse, er ist höchstens fünfundzwanzig und den Augen nach zu schließen ein Cousin des Pizzabäckers. Er hat einen Freund dabei, und der wiederum hat eine Gitarre dabei. Wenn die Sterne aufgegangen sind, wird er für uns spielen, sagt er.

Was für eine Nacht! Bist Du sehr eifersüchtig, Lieber? Du hast auch allen Grund dazu, keine sibirische Schönheit kann mir diesen Abend verderben. Mir schwebt sogar schon eine Lösung für das mathematische Problem vor: Vier nette, gutaussehende Korsen und fünf herzförmige Pizzen. Einer von uns muß wohl heute früher in den Schlafsack gehen, um dieses Ungleichgewicht auszugleichen. Ich schätze, die Wahl fällt auf Angie. Wenn sie ihre staubtrockene Pizza verzehrt hat, soll sie sich verkrümeln.

Viele Küsse von Deiner Caroline

Band 12615

Jule Brand

So angelt man sich einen Typ

Franziska, Matilda und Caroline sind von ihren Beziehungskisten ganz schön genervt. Der eine will unbedingt heiraten, der zweite räubert permanent den Kühlschrank, und der dritte amüsiert sich entschieden zuviel mit anderen Girls. Deshalb sind die Mädchen einhellig der Meinung, ihre drei Nervensägen in die Wüste zu schicken. Leider hält der Reiz des Singledaseins nicht lange vor. Irgend etwas fehlt ihnen – neue Männer müssen her! Doch plötzlich ist das gar nicht mehr so einfach. Alle tollen Typen scheinen wie vom Erdboden verschwunden oder sind bereits in festen Händen. Wie die drei das Problem lösen, ist nicht nur spannend, sondern auch zur Nachahmung empfohlen…